本书获浙江省软科学研究计划
"面向乡村产业振兴的新型职业农民培育机制创新研究"
（2019C35104）项目资助

Making Full Use
of Farmland

Fragmentation and Utilization Efficiency

地尽其用
耕地细碎化与其利用效率

赵小睿　袁平 / 著

Zhejiang University Press
浙江大学出版社

目　录

绪　论

第一节　问题的提出

农地细碎化在目前中国农地生产经营中是比较普遍的现象,它是制度、经济、人口、自然、地理条件、技术水平等多种因素影响的结果。20世纪70年代末到80年代初,以均分土地为主要特征的家庭联产承包责任制逐渐取代人民公社制,以家庭为单位的农业生产逐步代替了集体化大生产,成为我国农业生产的基本形式。这一农村土地经营制度的实施为当时我国农业生产的发展和农民收入的提高做出了很大的贡献,也较大程度地提高了我国的农业整体水平。从制度实施起到1988年,仅10年时间农业社会总产值增长了近2倍,每个农村劳动力的农业总产值增长率高达65%,粮食产量增长16.3%(傅晓,2008)。在我国农村普遍人多地少、农村劳动力过剩的人地关系约束下,以土地均分为主要特征的模式以及在一定程度上实行了土地继承等一系列政策导致耕地细碎化程度不断加深。2009年,我国农村家庭平均拥有耕地面积仅为7.05亩[①],户均地块数量为4.1块,块均耕地面积仅为1.28亩,而人均耕地经营面积不足1亩(农业部农村固定观察点办公室,2010)。

随着我国社会经济的快速发展,受到现代工业反哺农业、传统农业向现代农业转变、农村劳动力向城市转移、粗放农业向集约农业转变等农业内外部环境变化的影响,耕地细碎化的经营方式逐渐不能够适应当前发展的需要。单一农户经营多块耕地,虽然有兼顾公平、规避风险、充分利用劳动力等合理性,但其弊端也逐渐显现。首先,耕地细碎化直接导致我国耕种面积减少,大量的零

[①]　1亩≈666.67平方米。

碎耕地遭到闲置、荒废和弃耕。其次,在从事农业生产的劳动力逐渐减少的背景下,耕地细碎化导致我国农业现代化发展受阻。随着城镇化、工业化的不断发展和推进,农村劳动力过剩的情况转变,外出务工劳动力逐渐增多,务农人群平均年龄不断增长,青壮年劳动力大幅度减少,我国农村出现"劳力荒"的现象,造成不同程度的"误农时"和"误收割"现象,阻碍了我国农业生产的发展,对粮食安全形成挑战。最后,随着我国加入世界贸易组织(WTO),国外农产品巨大冲击了我国农业,小规模耕地经营方式决定的竞争力弱的缺点逐渐显露。一方面,耕地细碎化限制了大型农机设备的应用,耕地集约利用水平不高,生产效率低。另一方面,小规模种植成本高,抗市场风险能力较低。

由此产生了这样几个现实问题:①既然土地联产承包责任制带来了土地细碎化问题,土地联产承包责任制是不是应该被抛弃?②土地联产承包责任制是在什么样的情况下导致了土地细碎化问题?③土地细碎化是不是影响耕地利用效率的重要因素?如果是,它又是如何和在多大程度上影响了耕地利用效率?④在土地联产承包责任制下是否能够规避土地细碎化带来的规模经营问题?又如何实现土地规模经营?

要回答上述问题,有这样几个理论问题必须予以解决:①土地细碎化形成的原因;②土地细碎化影响耕地利用效率的机理;③土地细碎化和耕地利用效率的测度方法;④土地细碎化对耕地利用效率影响的测度方法。

我国学者也对耕地细碎化问题展开了广泛的研究。细碎化作为我国农村耕地利用的普遍现象,不仅影响我国农业生产和农业发展,同时也关系到我国农产品的竞争力和粮食安全。近几十年来,虽然各级政府和相关部门一直对此予以重视,并采取了如提高机械化程度、加大地块整合等土地整治措施,但细碎化现象并没有得到根本缓解。2016年中央一号文件提出:"发挥多种形式农业适度规模经营引领作用。坚持以农户家庭经营为基础,支持新型农业经营主体和新型农业服务主体成为建设现代农业的骨干力量,充分发挥多种形式适度规模经营在农业机械和科技成果应用、绿色发展、市场开拓等方面的引领功能。"①

----

① 新华社. 中共中央国务院关于落实发展新理念加快农业现代化 实现全面小康目标的若干意见(全文)[EB/OL]. (2016-01-28)[2019-06-01]. http://www.moa.gov.cn/ztzl/2016zyyhwj/2016zyyhwj/201601/t20160129_5002063.htm.

但是,国内农地细碎化与耕地利用效率的研究缺乏系统的分析框架。怎样更准确地衡量耕地细碎化程度、解释耕地细碎化与耕地利用效率的关系、揭示细碎化对耕地利用效率的影响是目前本领域中尚未解决的问题。

2012 年 11 月 17 日,国务院正式批复了《中原经济区规划》,由此将涵盖河南全省及河北、山西、安徽和山东部分地区的中原地区在战略上定位为国家重要的粮食生产和现代农业基地。其中,作为该规划主体的河南省,不仅在粮食产量上位居各省份前例,也是人地矛盾较为突出的省份。因此,本研究拟以位于中原粮食主产区的河南省为研究区域,以农户为基本研究单位,研究农地细碎化及其与耕地利用效率的关系。

基于如下原因,本研究仅限于以耕地作为研究对象:一是耕地是农业用地的精华,是农村土地利用的焦点;二是耕地关系到国家粮食安全、农村乃至整个国家的社会经济稳定;三是细碎化问题在耕地利用中较为突出且充分暴露。另外,耕地在中原粮食主产区农地中占比相对较大。

第二节　研究现状

一、关于耕地细碎化的内涵及测度研究

(一)耕地细碎化的内涵

国外学者对于土地细碎化(land fragmentation)的定义并不统一。Binns(1950)在分析丹麦、法国、爱尔兰和瑞士的土地整合问题时提出,细碎化耕地是农户持有地块面积较小、没有规模经济和价值的耕地。他将耕地细碎化定义为经营耕地由多数分散、不相连的地块围绕且分布在一个相对较大的耕地区域。

美国著名经济学家、诺贝尔经济学奖获得者 Schultz(1953)认为,耕地细碎化是指农场拥有两块及以上的被分割且无法统一有效管理的土地。Dovring(1960)在对 20 世纪上半叶欧洲地区耕地与劳动力的分析中,将细碎化耕地解释为被分割成较多数量且有明显边界的土地。Agarwal(1972)通过分析土地整合过程对生产成本、土地收益、劳动力投入以及农民资产等方面的影响,论证了土地政策的不足,指出具有平均规模减小、单块农地面

积减少、农地零散度增加特征的农场土地叫作细碎化耕地。英国萨塞克斯大学的 King 和 Burton(1982)在分析耕地所有制问题时，将耕地细碎化定义为农户所属耕地被分割成尺寸过小、呈不相邻状态的土地，且这些耕地由于面积过小不能被合理利用。Nguyen 等(1996)通过分析细碎化对农场生产的影响中对细碎化进行定义，指出农户经营至少一块分散的耕地。卢旺达大学的 Bizimanal 等(2004)在对卢旺达人口密集地区耕地细碎化对经济效率的影响分析中指出，每个农户拥有质量相同但距离、范围不同的耕地是耕地细碎化。

　　我国学者对耕地细碎化的问题已有关注，但对其概念的界定也不尽一致。苏旭霞和王秀清(2002)在分析山东省莱西地区耕地细碎化对粮食产量的影响时提出，耕地细碎化是单位农户拥有具有大小、距离差别且零散分布的若干土地。许庆等(2007)在分析耕地细碎化与农民收入的关系时将耕地细碎化定义为农户经营的耕地合理分布在住宅附近且互不相邻。王兴稳和钟甫宁(2008)则在对耕地细碎化与农用地流转市场关系的分析中认为，耕地细碎化是与地形无关的若干块面积小、不成规模且零散分布的耕地；这些耕地可以通过互相交换而合并。孙雁和赵小敏(2010)通过梳理国内外耕地细碎化相关研究指出，耕地细碎化是地理空间内人为或自然条件下形成的难以集中、分布零散、无法规模经营的耕地。赵凯(2011)在对细碎化测量方法进行分析时总结出耕地细碎化的内涵包括内在属性和形成原因两个方面，认为耕地细碎化是指农户经营耕地地块数量较多，每块耕地尺寸较小且质量不同；农户拥有的若干地块到家距离各不同。赵凯还强调，前人学者所概述的内涵中，由耕地细碎化所引起的耕地利用不合理、管理效率低、耕地规模不经济是耕地细碎化所产生的外在表现，并不是其内涵。

　　综上所述，国内外学者对耕地细碎化的内涵、维度与测度方法进行了有益的探索，虽然根据各自研究方向的不同阐述各异，但可以总结出，耕地细碎化本质性内涵包括两个方面：地块数量较多且不相邻；地块面积较小。

　　(二)耕地细碎化的测度

　　由于耕地细碎化问题较为复杂，基于不同内涵界定而进行的细碎化测度也没有形成统一的标准，因此无论是发达国家还是发展中国家都没有较为统一、较为标准的指标来度量耕地细碎化程度。国内外相关学者将耕地细碎化的测度方法大致分为两种：单一参数法和综合参数法。

　　单一参数法主要以单位农户所拥有的地块数量与每块耕地的平均面积进行测量(Binns，1950；Crist，Thompson，1964；Bently，1987)。Dovring(1960)运用农户拥有地块到家的距离来计算农地细碎化程度。Schmook(1976)运用两组参数值对耕地细碎化进行测评：一是不规则耕地面积总和与拥有的耕地面积总和之比；二是农户地块到家平均距离与地块平均面积之比。但两组参数值并没有涉及农户总地块数。总之，目前主要选取耕地地块数量、地块面积和地块到家距离对耕地细碎化程度进行测量。虽然在一定范围内提出了耕地细碎化程度的测量指标，并兼顾数据易得、计算较为方便的优点，但是由于耕地细碎化是一个复杂、综合的概念，单一参数法存在指标过于简单的缺陷，并不能全面衡量耕地细碎化水平。

　　综合参数法是在单一参数法的基础上运用综合指标对耕地细碎化程度进行测量。King 和 Burton(1982)认为，农户所属地块数量是衡量耕地细碎化程度最简单的指标，但并不能准确地评价耕地细碎化程度，应选取其他相关参数对其进行综合评价。他们在单一参数法的基础上提出 6 个相关参数(农场规模、地块数量、地块形状、地块面积、地块粒度分布、地块空间分布)对耕地细碎化程度进行全面衡量，并根据上述 6 个细碎化参数总结了衡量细碎化程度的 3 个指数：细碎 S 指数(Simmons's fragmentation index)、整合 J 指数(Januszewski's consolidation index)和分割 I 指数(Igbozurike's parcellation index)。

　　细碎 S 指数表述的是农场地块数量与单位地块面积的关系(Simmons，1964)，运用农场内每一地块面积与农场总体相对面积的等权重指数，但并不涉及关于耕地距离的指标。它由各个地块面积平方数的总和与农场总面积的平方数之比表示，其表达式为：

$$S = \sum_{i=1}^{n} \frac{a_i^2}{A^2} \tag{0-1}$$

其中，n 表示农场内地块数量，a_i 表示单个地块面积，A 表示农场总面积。S 指数值在[0，1]区间，指数为 1 表示农场为一整块不分割的土地，指数越趋近于 0 表示该农场细碎化程度越高。英国诺丁汉大学的西蒙斯(Simmons)分别于 1943 年和 1963 年运用细碎 S 指数对 83 个样本农场进行研究，发现农场规模与细碎化程度具有相关关系。法国学者 Bryant(1974)同样运用该指数对巴黎农地结构进行分析改进。

整合 J 指数由波兰弗罗兹瓦夫大学的 Januszewski(1968)构建,与细碎 S 指数比较相似,同样是用来分析其农户所拥有地块数量与地块面积的关系。他主要运用农户拥有每块农地面积的平方根比上其总面积平方根的算术法则衡量耕地细碎化的程度,表达式为:

$$J = \frac{\sqrt{\sum_{i=1}^{n} a_i}}{\sum_{i=1}^{n} \sqrt{a_i}} \tag{0-2}$$

其中,n 为农户拥有的地块数量,a_i 为单个地块的面积。J 指数值同样在 $[0,1]$ 指数区间,指数值越小耕地越细碎。Januszewski 随机选取 135 个农户运用整合 J 指数证明细碎化程度与农场规模之间的关系,并得出三个结论:第一,耕地细碎化程度随着地块数量的增加而提高;第二,耕地细碎化程度随着单位地块面积的减小而提高;第三,较大面积地块数量的增加和较小面积地块数量的减少导致耕地细碎化程度的降低。

分割 I 指数反映了各地块平均面积与地块距离(该距离包括农户从农舍往返其拥有的所有地块的距离之和)的关系(Igozurike,1974)。表达式如下所示:

$$I = \frac{\left[Y \sum_{i=1}^{n} \frac{a_i}{n} Y \times \sum_{i=1}^{n} Dt_i \right]}{100} \tag{0-3}$$

当 I 作为耕地细碎化评判指数时,a_i 为单个地块面积;n 为农户地块数量;Dt_i 为前往每个地块的距离。

Bently(1990)在 King 和 Burton(1982)的基础上删除地块形状参数,运用 5 个参数(平均地块面积、平均地块数量、分割 I 指数、地块总距离以及面积与距离加权参数)综合性评价耕地细碎化程度。Bently 对分割 I 指数中所提到的地块距离给出了清楚的定义,指出地块总距离为农户从农舍到各个地块单向距离的总和,运用直线测量和沿线测量两种方法计算耕地到农户家的距离,以避免忽略农户从农舍到田块,再从田块到田块间的环绕距离。这一定义不仅清楚地界定了参数目标,也弥补了分割 I 指数对农场面积和环绕距离的忽略。而面积与距离的加权参数则是运用每个地块面积(单位为公顷)乘以农户从农舍到每个地块间的单趟距离(单位为公里),进一步客观地对地块距离进行测量。每个地块的总距离值为农户到所有地块的距离总和。Bently(1990)还认为农户拥有两块距离 2 公里、面积为 1 公顷和面积为 0.1 公顷、位置在农舍门口的耕地,比农户拥有两块分别在农舍门口、面积为 1 公顷和距离 2 公里、面积为 0.1 公顷的耕地更为细碎。因为农户在耕种距离远且面积大的耕地时需要投入更多的原材料和时间,并且需要更加频繁地往返于农舍和耕地之间。最后,Bently(1990)指出,拥有若干地块的农户与拥有整块耕地的农户的耕地细碎化程度相同,其原因是农户都无须往返农舍。显然,这个结果有失偏颇。

细碎 S 指数和整合 J 指数虽然都运用地块面积与地块数量两个参数对耕地细碎化程度进行评价,但忽视了地块距离对细碎化程度的影响。两个指数得出的结果也难以确定是地块面积还是地块数量对细碎化程度产生影响。分割 I 指数虽然加入了地块距离参数,但也存在一定的误差和缺陷:一是指数中对地块距离的定义不清晰,地块距离可以是农舍到地块的距离,也可以是地块与地块间的距离。二是指数中没有考虑地块数量的因素,导致在衡量细碎化程度时可能存在偏差。例如,拥有 2 块大小为 10 公顷耕地的分割 I 指数比拥有 10 块大小为 1 公顷耕地的高 2 倍。三是 Bently(1990)在前人的基础上对指数进行了改进,虽然弥补了分割 I 指数中对地块距离的模糊界定,但并没有涉及对地块形状的分析。

由上述衡量方法可知,国内外都还没有一个综合指数可以对耕地细碎化的 6 个参数进行全面分析,也没有任何指数对地块形状进行衡量。因此每个衡量指标都存在一定的缺陷和不足,衡量结果也存在一定的误差。从前人的研究成果来看,耕地细碎化数据较难获取,在构建衡量指数时往往根据数据的可取性选取地块面积、地块数量、地块距离,以及细碎 S 指数、整合 J 指数、分割 I 指数中的一个或几个进行衡量。

二、耕地利用效率常用评价方法

根据研究目的和内容的不同,耕地利用效率的评价方法也有所不同,大致可以分为以下几种。

(一)主成分分析法

主成分分析(principal component analysis)也叫主分量分析,是一种多元的数学统计方法,其运用降低维数的向量空间变换将数据集中的多项观察变量简化为少数的几个综合变量(Person,1901)。换言之,主成分分析法是将一个数据矩阵分为若干个子数据矩阵,而每个数据矩阵各自独立地代表这个总数据矩阵,其主要目的是将样本中一组冗余、烦琐的观察变量转化为另一组相互独立、互不影响的新变量。而这一组新变量不仅解释了原有数据中复杂、烦琐的观察变量,也相对集中了观察变量的信息。其中,能够解释数据集内大部分信息的综合变量被称为主成分变量(Abdi,Williams,2010)。

在进行主成分分析之前,通常需要提前对数据集进行数据处理。一般来说,矩阵用大写黑斜体字母表示,向量用小写黑斜体字母表示,而元素用小写斜体字母表示。具体表示方法为:首先,在同一矩阵中的矩阵、向量和元素使用相同的字母(例如 A、a、a)。转置运算由上标 T 表示,单位矩阵由 I 表示。其次,被主成分分析所研究的数据集由观察值 I、解释观察值的变量 J 以及由 I 与 J 相乘的矩阵 X 组成,同属要素表示为 x_{ij}。其中,矩阵 X 有序列 L 且 $L \leqslant \min\{I, J\}$,矩阵 X 的纵列将被居中以便于每行纵列的平均值等于零(例如:$X^T I = 0$,其中 0 是 J 与 1 相乘的零向量,而 1 是 I 乘以 1 的向量)。最后,假如矩阵 X 中每一个元素被划分为 $\sqrt{I}$(或 $\sqrt{I-1}$),则矩阵 $X^T X$ 为协方差矩阵,且该分析被认为是协方差主成分分析。最后,当变量测量单位不同时,通常将每个变量通过相同的标准对其测量单位进行统一(例如取变量中不同测量单位的所有元素平方和的平方根作为统一单位)。在这种情况下,矩阵 $X^T X$ 为相关性矩阵,且该分析被认为是相关性主成分分析(大部分数据集的相关性预处理被认为是默认值)。

（二）专家评判法

专家评判法是一种较为传统且应用广泛的评价方法,其主要通过经验丰富的相关学者对一些较难获取统计数据的问题进行直观的评价和判断(夏敏,2000)。其主要步骤是:首先,根据评价对象选取相应的评价指标,对每个指标制定评价等级,并将每一个等级用分数表达;其次,以上述为标准,组织相关专家对评价对象进行分析,并对每个指标进行打分,采用加法评分法、乘法评分法或加乘评分法对评价对象进行分数汇总,从而得到评价结果。

（三）数据包络分析法

数据包络分析法(data envelope analysis,DEA)1978 年由运筹学家查恩斯(Charnes)和库珀(Cooper)等学者提出,是涉及数学、运筹学、管理科学等多学科的交叉性评价方法。DEA 评价模型以多投入和多产出的多个决策单元(decision making units,DMU)为研究目标,选取相关指标,对研究对象的效率进行有效的评价(Charnes et al.,1978)。现实生活中,投入与最大产出在一定条件下并没有明确的数学关系。但是,DEA效率评价模型在考虑所有DMU的前提下,将投入与产出项带入几何空间,并得出最低投入或最大产出的临界线。当DMU在临界线上时,可认为该DMU为最有效率的决策单元且相对效率值为1;当DMU在临界线内时,则表示该DMU无效率且相对效率值在[0,1]区间。换言之,当DMU为有效单元时,则不需再减少投入或增加产出;当DMU为无效单元时,则表示投入不变的条件下产出可增加,或产出不变时投入可减少。

由于耕地利用效率是一种多视角、交叉性的研究领域,其评价方法也不是独一无二的。通过上述分析可知,耕地利用效率评价方法主要可以分为两类:主观评价法和客观评价法。主观评价法主要依据专家的相关经验与专业知识对相关评价指标排序或赋值,如专家评价法等。而客观分析法主要运用数学模型、计量统计等方法,在相关数据处理的基础上分析评价指标的相关关系或变异程度并以此客观赋值,如主成分分析法、数据包络分析法等。总体来说,耕地利用效率的评价方法并不是一成不变的,而是根据研究目的、研究内容和研究对象的不同而选择合适的评价方法。两类评价方法各有优缺点,学者应从研究项目本身出发选择较为适合的方法。常用评价方法优缺点比较如表0-1所示。

表 0-1　耕地利用效率常用评价方法比较

评价方法	优点	缺点	适用范围
主成分分析法	消除评价指标互相影响;减少指标选择和计算的工作量;评价权数较为客观	所需数据较为全面;主成分解释较为模糊;数据预处理时消除量纲降低了指标的变异程度	数据较齐全的大容量样本
数据包络分析法	可评价较为复杂的评价系统;不受指标单位的影响;客观性强	结果容易受随机干扰项的影响;对异常值敏感	数据较复杂的样本
专家评价法	操作简单;数据需要较少;容易解释较为模糊的指标样本	主观性强,争议较大	数据较难获取、指标较为模糊的样本

三、耕地利用效率影响因子常用评价方法

(一)熵值法

熵(entropy)是由德国物理学家克劳修斯在 1950 年提出的,表示一种能量在空间中分布的均匀程序。在信息论中,熵是对信息的一种度量。熵越大说明系统越混乱,所携带信息越少,效用值越小,权重也越小;反之,熵越小系统越有序,所包含信息越多,效用值越大,权重也越大。根据熵的特征,可以通过计算熵值来判断一个系统内部某个指标的离散程度,离散程度越大,其对综合评价的影响越大。

熵值法是一种客观赋权的方法,其通过计算指标的信息熵,根据指标相对变化程度对数据集的整体影响来决定指标的权重。权重(weights)是评价指标在评价指标体系内部的重要程度。一组评价指标相对应的权重组成了整个评价体系。其中,相对变化程度大的指标具有较大的权重,反之则具有较小的权重。耕地利用是受经营行为影响的土地利用系统,具有较强的区域性和系统性。而熵值法的系统性和相对性的评价方法恰恰适用于对耕地利用效率相关指标进行综合评价(陆柳霖,卢远,2011)。

(二)层次分析法

层次分析法(analytic hierarchy process)由美国运筹学家萨蒂(Saaty)在 20 世纪 70 年代提出,是定性与定量分析相结合的层次权重决策方法(Saaty,2008)。该方法的主要目的是对复杂的决策问题进行深入剖析,利用经验判断选取较少的指标信息进行评估和排序,从而对错综复杂的决策问题有效、简化地做出判断。决策者在分析中根据经验衡量每个指标信息的重要程度,对每个指标信息赋予权数,并根据指标信息的权数对决策方案进行优劣评估。其系统模型构建可以分为以下步骤:

第一,建立层次结构模型,将决策问题按照决策目标、决策准则和决策对象的相互关系划分为最高层、中间层和最低层。其中相邻的两层中,上层为目标层,下层为因素层。

第二,构建判断矩阵,即 $A=(a_{ij})$。其中,a_{ij} 表示 A_i 比 A_j 时本层中所有评价指标对上层中某一指标相对重要性的比较。而元素的重要性程度一

般用 Saaty 的 1—9 标度法赋值。且 a_{ij} 需满足以下条件：① $a_{ij} > 0$；② $a_{ij} = \dfrac{1}{a_{ji}}$；③ $a_{ii} = 1$。

第三，根据一致性指标与一致性比率小于 0.1 对判断矩阵进行一致性检验。其指标公式如下：

$$CR = \frac{CI}{RI} < 0.1 ; CI = \frac{\lambda_{\max} - n}{n - 1} \tag{0-4}$$

其中，CI 为判断矩阵 $\boldsymbol{A}$ 的一致性指标，RI 为平均随机一致性指标（查表可得），CR 为一致性比率，$\lambda_{\max}$ 为矩阵 $\boldsymbol{A}$ 的最大特征值，n 为 $\boldsymbol{A}$ 的维数。当 $CI = 0$ 时，判断矩阵具有完全一致性；当 CI 趋于 0 但不等于 0 时，判断矩阵具有合理的一致性；CI 值越大，判断矩阵的不一致程度越高，判断误差也越大。

一般来说，当 CR 小于 0.1 时，判断矩阵的不一致程度为合理范围，即可以通过检验。

四、细碎化与耕地利用效率的关系研究

耕地细碎化与耕地规模利用效率密切相关。细碎化是耕地利用的一种形式，而耕地利用效率是人类通过劳动与土地进行交换，通过生产投入、劳动经营满足需求，是其进行耕地利用所带来的成效。因此，细碎化直接对耕地利用效率产生影响。具体来说，耕地细碎化是由人为、自然和制度多方面因素共同导致的耕地的分割、不相连，是其在历史演变过程中耕地利用的一个阶段。而耕地利用效率的高低又是对耕地利用是否充分、是否合理、是否有效最直观的表达。

恩格斯认为，1846—1849 年爱尔兰发生大饥荒的一个原因就是土地的过度分割(the consequences of overdividing the soil)，他实际上已经关注到了土地细碎化与土地生产效率之间的关系问题："在爱尔兰我们就会看到土地分散的后果。爱尔兰的居民极大多数是小佃农……由于这些小佃农之间存在着剧烈的竞争，地租达到了闻所未闻的高度，竟比英格兰的高 1~2 倍甚至 3 倍。……虽然大不列颠的耕地有 3200 万英亩[①]，而爱尔兰只有 1400

[①] 1 英亩 ≈ 4046.86 平方米。

万英亩,虽然大不列颠每年出产 15000 万英镑的农产品,而爱尔兰只出产 3600 万英镑的农产品,但是,爱尔兰的农业工人却比大不列颠多 75000 人。"(马克思,恩格斯,1957)

美国学者 Binns(1950)指出,耕地细碎化是耕地利用过程演变中的一个阶段。细碎化作为与耕地规模经营相悖的耕地利用方式,对耕地利用产生直接影响,也势必影响耕地利用效率。

自 1964 年舒尔茨的《改造传统农业》出版以来,有关耕地细碎化与农业生产效率之间关系的研究逐步增多。一方面,有些学者认为细碎化经营形式促进耕地的合理利用,细碎化的耕地利用方式在一定程度上降低了农业风险发生的概率,促使农民多元化种植,充分发挥生产要素的作用,使劳动力等生产要素得到合理分配和利用,从而间接地提高了耕地利用效率(Sen,1962;Heston,Kumar,1983;Bizimanal et al.,2004;Kiani,2008;Tchale,2009)。另一方面,更多学者认为细碎化程度的不断加深阻碍了耕地的充分利用。耕地利用的不充分对耕地生产效率、生产成本及耕地质量都产生了负面影响,细碎化问题一定程度上影响了耕地生产效率,降低了机械化使用效率,阻碍了农业机械化的发展(Lerman,Cimpoies,2006;Falco et al.,2010)。同时,耕地细碎化不仅提高农业生产成本,还导致农产品利润减少、农户收益降低,制约耕地产量、耕地生产水平的提高(Parikh,Shah,1994;Wadud,White,2000;Yin et al.,2010)。

我国学者对耕地细碎化问题的研究也多有涉及,多数研究认为该现象导致耕地利用不充分、不合理、低效率。细碎化现象不仅导致由区分耕地归属建造田埂所造成的耕种面积浪费(5%～10%)(Zhang et al.,1997),同时导致粮食产量降低(万广华,程恩江,1996;苏旭霞,王秀清,2002),削弱农业规模效应(王秀清,苏旭霞,2002;张尹君杰,卓建伟,2008),减少农民收入(李功奎,2006;许庆等,2008),增加生产成本(谭淑豪等,2003;刘涛等,2008)。而这些负面影响的根源是细碎化耕地利用方式下利用不充分、不合理所带来的低耕地利用效率。因此,细碎化作为耕地利用的一种方式对耕地利用效率的高低有着直接影响。

笔者认为,耕地细碎化对耕地利用效率的部分正面影响,在耕地规模经营下也可以实现。一是多元化种植问题。在规模经营情形下,多元化种植可以通过科学的作物布局实现得更好;在耕地细碎化状态下的多元化种植,只能是被迫的巧合而已,与科学的多元化种植没有必然关系。二是劳动力要素的合理利用问题。当农村劳动力非常富裕时,把大量劳动力投入在农业生产中,提高土地的产出是可能的,但是从效率的角度看不一定是高效的;一定规模的土地利用不仅有可能实现同样的产出,而且可以大大节约劳动力,使劳动力要素的利用更加合理。

细碎化作为我国农村耕地利用的普遍现象,已经对我国农业生产和农业发展形成制约,同时也影响了我国农产品竞争和粮食安全。虽然政府相关部门已经对此引起重视,并采取了如增加机械化、地块整合等土地整治措施,但细碎化现象并没有得到根本缓解。同时,国内农地细碎化与耕地利用效率的研究缺乏系统的分析框架。怎样更准确地衡量耕地细碎化程度、测度细碎化与农地利用效率的关系,细碎化对农地利用效率的影响有多大,都是目前本领域中尚未解决的问题。

第三节　研究意义、目的和内容

一、研究意义

处理好公平与效率的关系是社会经济发展中必须面对的问题,二者如影随形,时而高度统一,时而貌合神离。20 世纪 80 年代,在中国农村建立起来的家庭联产承包责任制,成为中国改革开放以来最为成功的改革成果之一,它大大解放了中国农村的农业生产力,使中国农村经济得到长足的发展。从农村土地产权制度的角度来看,其成功的原因在于农村土地使用权与经营权主体在当时的社会经济与技术条件下实现了高度匹配,达到了公平与效率的高度统一。

随着社会经济环境与技术的发展变化,家庭联产承包责任制逐渐显现出它的弊端。从土地利用的角度来看,家庭联产承包责任制的推行造成了农地(尤其是耕地)利用的细碎化格局,公平与效率相悖的问题逐渐显露出来。

从现阶段来看,耕地细碎化对于中国农村经济乃至整个中国经济的发展至少有以下几个方面的负面影响:一是农业规模经营受到制约。从发达国家的发展经验来看，现代农业必然要走规模化经营的道路；细碎化的土地必然阻碍生产的投入规模，例如大型农机具的使用、先进农业科学技术的规模推广等，耕地利用效率降低，农业规模经营难以实现。二是加剧土地撂荒。随着农村人口向城市转移，细碎化的农地被弃耕、撂荒的现象频繁发生，进而导致粮食总产量得不到进一步提高，威胁国家粮食安全。三是阻碍中国农业向现代农业转变。细碎化的农地不利于外部资金进入农业领域，同时也限制了企业家资源在农业生产和经营中的重要作用，中国农业向现代农业的转变难以实现。因此本研究具有十分重要的现实意义：

第一，通过耕地细碎化测度，精确掌握耕地细碎化发展的深度，对耕地细碎化现象进行准确的判断。

第二，通过微观层面和生产视角，对耕地利用效率进行测度，进一步掌握耕地利用效率。

第三，通过实证分析度量耕地细碎化对耕地利用效率的影响，为政策制定提供决策依据。

第四，探讨耕地细碎化与土地联产承包责任制之间的关系，为在土地联产承包责任制下进行政策调整、实现规模经营提供政策建议。

同时，探讨科学的土地细碎化测度方法、微观层面和生产视角下的耕地利用效率测度方法、细碎化对耕地利用效率的影响机理及其测度方法将丰富土地经济学相关内容。因此本研究也具有一定的理论意义。

二、研究目的和内容

本研究的总体目标是从农业生产的角度，以农户为基本研究单位，回答细碎化背景下是否影响耕地利用效率提高这个核心问题。由于耕地细碎化受自然和社会两方面的影响，且仅有耕地长期使用的农业发达地区才能够充分反映耕地细碎化问题，因此本研究的研究区域是农业生产较为发达的中原地区，同时考虑平原、丘陵和山区不同地貌情形下细碎化对耕地利用效率影响的差异性。为实现上述研究目的，研究内容包括以下几个方面：

第一，细碎化与耕地利用状况的历史演变分析。基于耕地细碎化的一般成因，对我国农村土地制度与耕地利用状况进行历史分析，分析我国耕地细碎化形成的历史变化与成因。

第二，细碎化与耕地利用效率关系的理论分析。从理论上分析耕地细碎化形成的影响因素以及细碎化对耕地利用效率产生影响的机理,从而构建细碎化对耕地利用效率影响的理论框架。在此基础上提出本研究的研究假设。

第三,耕地细碎化及耕地利用效率测度。以农户为基本研究单位,深入田野,获取一手数据资料,并通过数据分析对样本区耕地细碎化程度进行综合测评。同时通过指标的设定和数据的选取,构建耕地利用效率指标评价体系对样本区的耕地利用效率进行综合测度,为探讨细碎化对耕地利用效率的影响获得数据支撑。

第四,细碎化与耕地利用效率关系的实证分析。基于本研究提出的基本假设,通过构建计量模型对细碎化与耕地利用效率的关系进行实证分析,得出分析结果对研究假设进行验证。

第五,提出土地适度规模经营的政策建议。根据理论与实证的分析结果,探讨降低细碎化、提高耕地利用效率的前提条件和一般途径,并提出在土地联产承包责任制框架下实现土地规模经营的途径等相关的政策建议。

第四节 技术路线与研究方法

一、研究方法

根据上述研究路线,本研究采用理论与实证相结合的研究方法,深入探索细碎化对耕地利用效率的影响,具体研究方法如下。

（一）文献调查法

文献调查法作为科学研究中最基本的研究方法之一,是指收集、整理、归纳前人研究成果,通过对相关文献的理解和认识对深入了解研究方向,并分析他人已经取得的研究成果探索自身研究内容。文献调查法有助于遵循客观事实,在科学基础上进行研究工作,并避免重复研究。本研究通过对细碎化和耕地利用效率相关文献的系统梳理,分析细碎化形成原因与耕地利用效率问题,为本研究奠定坚实的基础。

（二）历史分析法

历史分析法是定性分析的研究方法之一，是运用历史唯物主义观点，辩证分析历史存在的客观事实和社会现象。历史发展中不同阶段的客观事实和社会现象错综复杂，只有加以联系和比较才能认清问题的根本，抓住现象的本质。本书以我国各个时期农地制度变迁、农业生产技术水平、人地关系为线索，对我国各个时期耕地利用和耕地细碎化形成的阶段进行分析，深入剖析耕地细碎化形成的本质原因和耕地利用的演变过程。

（三）问卷调查法

问卷调查法是数据收集的一种调查方式，是研究者按照研究目的统一设计，并以书面形式向研究对象了解情况或搜集数据的研究方法。问卷调查法根据调查对象的不同可分为自填式问卷和代填式问卷两种调查方法。本研究以农户作为调查的基本单位，采取面对面访谈的代填式调查方法完成调查问卷、收集相关数据。

由于现有的官方或者公开数据（包括统计年鉴、农地确权成果等）不具有研究所需的部分指标（如地块到家的距离、农户经营的地块数量等），因此决定了本研究必须深入农村田野，以农户为基本的调研单位，通过问卷调查法获取本研究所需要的分析数据。

（四）定量分析法

定量分析则是运用比较法、数学模型对统计数据进行计算、处理并得出相应结果的研究方法。定性分析为定量分析的研究前提；定量、客观、科学验证定性分析的结果，两者相辅相成，相互补充。首先，本研究采取数据包络分析法对耕地利用效率进行评测，分析样本区现阶段耕地利用效率的高低。其次，本研究采用标准差对耕地细碎化等级进行划分。最后，本研究采用 Tobit 回归模型并辅助使用熵法分析细碎化对耕地利用效率的影响。

二、技术路线

本研究技术路线如图 0-1 所示。

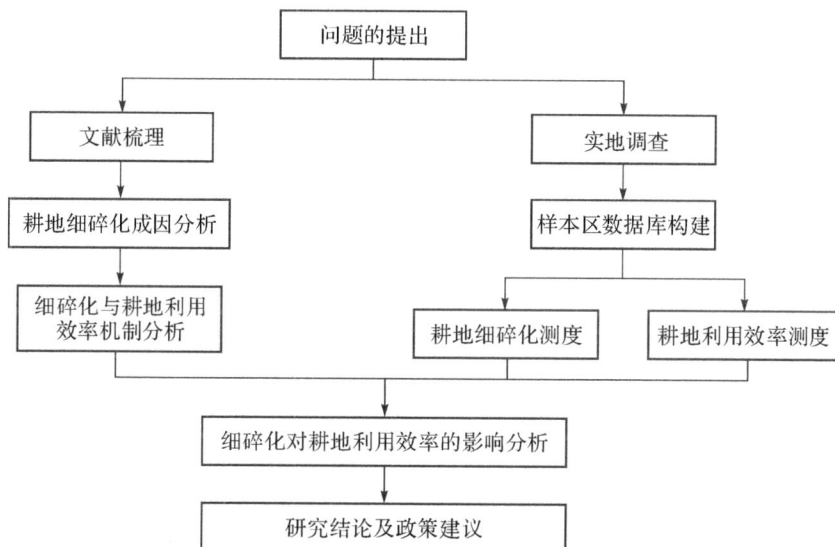

图 0-1　细碎化与耕地利用效率研究技术路线

第五节　本书的创新点与不足

一、本书的创新点

本研究以细碎化和耕地利用效率为研究对象,运用比较历史方法、经济学理论,构建细碎化影响耕地利用效率的理论分析框架,并以数理统计法和经济计量分析为定量分析方法,分析了耕地利用效率与耕地细碎化之间的关系。本研究可能的创新点如下:

第一,通过应用比较历史分析方法对我国土地利用的历史演变进行分析发现:人地关系是推动土地细碎化的根本原因,与土地所有制没有直接关系;土地的异质性是土地细碎化形成的前提条件;土地所有权和使用权的分离、社会经济发展水平与土地细碎化密切相关;土地细碎化并不必然导致土地利用效率和农业生产效率的降低。

第二,研究层面与视角的创新。本研究通过田野调查和入户调查获得农户的调查数据,从微观层面、生产视角运用数据包络分析法构建耕地利用效率评价指标体系，并计算以农户为基本单位的耕地利用效率值，弥补了从宏观数据入手无法引入细碎化指标来测度耕地利用效率的缺陷，在研究层面和视角上具有创新性。

第三，本研究在考虑细碎化问题的前提下构建了新的耕地利用效率评价体系，将细碎化的指标引入耕地利用效率评价指标体系，在耕地利用效率评价方法上具有一定的突破性和创新性。

第四，提出了耕地细碎化程度等级的划分方法与标准。本研究运用标准差和细碎 S 指数相结合的评测方法对耕地细碎化程度进行划分，对耕地细碎化的划分更加精细，在细碎化程度的界定上具有一定的创新性。

二、研究不足

第一，定量分析结果具有一定的抽样误差。由于现有的农地确权数据缺乏本研究所需的部分指标，如农户耕地到田块的交通距离等，本研究无法获取大样本数据，不能计算研究区内乃至全国的相关指标。本研究依赖的农户调查数据只能是抽样数据，必然具有抽样误差。

第二，研究范围受限。一是本研究仅选取河南省农业较为发达的粮食主产县，从微观层面对细碎化与耕地利用效率的关系进行分析。样本量只能满足基本要求，且样本研究区仅为中原地区的各个地形区域，研究结果的适用性受到局限。二是由于在研究中并没有考虑人文风俗习惯、粮食作物种类以及耕作方法的差异性，研究结果可能代表性不足。

第一章　基本理论概述

第一节　基本概念

一、耕地

（一）土地、农地与耕地

人们对于土地的概念具有不同的认识，一般认为土地并不是单一存在的，而是与自然、气候、生物、人文密切联系的。通常分为四种观点：一是土地是由土壤、地质、地形、生物以及人类活动组成，并随时间变化的综合体。二是土地是包括河流、湖泊、池塘等陆地水面在内的除海洋之外的所有表面陆地。三是土地是由地表上下一定幅度的空间及内陆水域、海涂在内共同组成的。四是土地是包括内陆水域在内所有陆地和海洋的总和，并受到人类活动的影响。本书研究的土地为第四种定义。

农地作为土地的一种，也有广义和狭义两种概念。广义的农地是指农业生产中包括农、林、渔、牧在内的所有农业用地。其作为土地利用中的一级分类，具体包括：耕地（种植农作物、蔬菜、已垦滩地和海涂等种植用地）、园地（包括育苗土地在内的多年生木本植物和草本植物覆盖度大于0.5、合理株数大于70％的土地）、林地（生长乔木、灌木、沿海红树林等的土地）、牧草地（以草本植物为主，覆盖面积分地区在5％～15％以上用于畜牧业的土地）以及其他农用地（包括农村路面、养殖水面、田坎、晒谷场等）。狭义的农地则指的是耕地。本书所研究的土地为狭义的农地，即耕地。

（二）耕地的特征

第一，耕地是农业生产活动的基本要素之一。在农业活动中，耕地不仅是生产活动中必不可少的生产元素,也是农作物生长发育的必备场所。土地作为农业发展的基础,不仅决定了耕地的自然生产能力,也决定了耕地的经济生产能力。

第二,耕地生产能力是自然土地与人类活动的共同产物。耕地作为自然的产物,其面积、类型不能更改。虽然可以退耕还林、拆迁重建,但也只是改变其利用途径,并没有在真正意义上增加面积或改变类型。人类只能在一定活动中通过适度的科学技术手段改变耕地用途、改善耕地质量、提高耕地利用效率,反之则不然。因此,耕地生产能力与科学技术发展水平密切相关,但也具有一定的局限性。

第三,耕地生产能力具有相对永续性。耕地作为非消耗性资源不会随着人类的使用而消失,也不会像其他物品一样磨损、陈旧或报废。人类在农业生产活动中只要使用得当、合理保护,就可以使耕地生产能力不断增强,其利用效率可以不断提高。但是耕地永续性又是相对的,如果人类运用不合理的耕地利用方式破坏生产能力,就会导致优质地变为劣质地,甚至丧失耕地生产能力。因此,只有妥善安排、合理利用,才能充分发挥耕地生产能力,提高耕地利用效率,实现永续利用。

第四,耕地利用产生经济效益。耕地是人类宝贵的财富,人类通过利用耕地的生产能力创造经济效益。随着人类的进步和社会的发展,耕地利用越来越贴合人类的需求,利用内容和方式也越来越多元化。因此,如何创新性地发展耕地利用政策和管理显得尤为重要。

第五,耕地地理位置的固定性决定耕地存在地域差异和空间分散。自然条件下耕地面积的有限性促使耕地呈现零散分布的状态。农作物生产发育的时间差异与耕地的季节性利用导致耕地合理利用尤为重要。因此,科学技术和合理政策的实施、有效的耕地管理是提高耕地利用效率的重要因素。

二、耕地细碎化

农业生产是指农民通过劳动投入,以耕地为载体种植作物,从而获得经济来源的生产活动,其中耕地是农业生产中最基本也最重要的生产要素。我国现阶段耕地利用的基本特征是:农户经营耕地规模小;户均拥有耕地块数多,且每块耕地面积较小。这两个特征必然带来两个相互交织的问题:规模不经济和耕地细碎化。耕地细碎化必然导致规模不经济,一个农户耕地地块的狭小、分散必然影响大型农业机械的使用、种植规模和生产的适度投入,规模经济难以实现。即使其经营耕地面积较大,也会制约规模经济的实现。

因此,本研究所述的耕地细碎化是指在一定的农业生产技术、社会经济整体发展水平、基础设施建设水平下,农户生产经营的耕地地块面积较小、地块数量较多且地块分布互不相邻的现象。

三、耕地利用效率

效率最初来源于物理学概念,是有用功率与驱动功率的比值。经济效率最初来源于机械效率的启发,是输入功与输出功的比值,其比值越大,效率越高。在经济学领域,效率用来反映生产资料投入与产品产出的比值,表示生产资料或劳动价值的实现程度。经济效率实质上是对投入与产出效率的反映。耕地利用效率同样反映的是耕地和其他生产资料的利用程度,表示农业生产中耕地的利用价值,体现了耕地与其他生产资料之间的资源配置是否合理。其资源配置越合理,耕地利用越充分,利用水平越高,其耕地利用效率也就越高。

陈荣(1995)在研究城市土地利用效率时提出,土地利用效率是体现土地利用水平的重要指标之一。他将土地利用效率分为宏观层面上的土地配置效率和微观层面上的土地使用效率。土地配置效率反映的是某一地区土地的综合化程度,其程度大小主要取决于不同土地利用类型的综合配置;而土地使用效率则是考虑土地的实现价值,其价值高低取决于土地的利用水平,也就是说取决于土地的利用方式和资源配置。相对于土地配置效率来说,土地使用效率的高低更多由土地使用者决定。而耕地利用效率与城市土地利用效率一样,也可以分为宏观层面的综合型耕地利用效率和微观层面的耕地利用技术效率。

（一）基于功能视角的综合型耕地利用效率

耕地利用是人类通过与耕地结合获得农业产品和服务的经济活动过程,是人类与耕地进行物质、能量、价值、信息交换和转换的过程(毕宝德,2001)。而耕地利用活动之所以被人类选择是因为其满足了人类某些功能性的需求。根据人类需求的不同,耕地主要可以满足生存需求、保障需求和流通需求三个层面的需求。首先，耕地是农民最基本的生存需求，它为农民提供农作物生长发育的基本要素。耕地同样是整个社会发展和进步的基本生存资料，它为社会其他部分的发展提供条件。其次，耕地对农民和社会具有保障功能。耕地不仅对农民的就业与劳动经营具有保障功能，同时为社会基本生存和发展提供了保障。再次，耕地在市场环境中还具有流通功能。当农产品交易在市场经济中达到人类的基本生理需求后，耕地逐渐进入市场与其他市场要素进行流通或交换以获得更高的价值。最后，耕地还具有生态保障功能。

综上所述，耕地的多功能性决定了耕地利用效率的多视角性。根据耕地利用功能的不同，耕地利用效率可通过以下四个方面表现出来：经济效率、社会效率、生态效率，以及这三种效率的综合表现——利用效率。

1. 经济效率

耕地经济效率是指人们利用耕地产出的农产品或服务的总体价值。耕地经济效率主要是通过耕地产出效率和劳动生产效率对耕地利用效率进行评价。第一，耕地产出效率是指农业活动过程中各种要素最大可能转化为农产品的生产能力，它反映了单位面积耕地在一个生产周期（通常为一年或更长）内农产品数量或产值。耕地产出率是一个多维度综合性的概念，除了耕地本身和自然条件外，耕地产出率的高低还受到社会进步水平（人口素质、公共设施建设、交通运输和科学技术等）、耕地制度、耕地利用方式、劳动力、资金、技术等要素的影响（亢志华等，2009）。而在耕地制度、社会进步水平、技术水平相同的背景下，耕地产出率主要考虑的是土地、资本和劳动力的投入。第二，劳动生产效率是指劳动者在一定时期内创造的劳动成果与劳动投入量的比值。耕地中的劳动生产效率一般是指农民在一个生产周期内的农作物产量（或产值），也可以通过生产周期内单位产量所耗的劳动时间来表示。

2. 社会效率

经济效率并不能代表耕地资源利用的全部内容，耕地利用还需对如何适应社会需求进行考虑。耕地利用不仅需要尽可能高效率地生产，而且需要社会尽可能合理地分配生产要素和服务，实现最有效的耕地利用。耕地利用的社会效率通常是指农民、农村和农业对其的需求与满足程度，以及所带来的相应社会乃至政治影响。换言之，耕地利用不仅需要保证经济效率的增长,也要确保整体社会效率的提高,如农业发展、社会安定、粮食安全、农民生活质量等方面。由于耕地利用效率反映的是农户经营土地的直接后果,因此其社会效率也具有两面性。合理的耕地利用不仅可以改善农民生活质量、提高农民收入,还可以增加就业机会、提高教育水平等。相反,过度滥用耕地不仅对生态环境造成破坏,还可能导致耕地资源枯竭、耕地功能丧失等恶劣后果(王静,2005)。

3.生态效率

耕地利用效率不仅要注重经济效率和社会效率,而且要重视耕地利用的生态效率。首先,耕地的生态效率较为特殊,它是耕地利用过程中对自然生态系统进行改造所带来的对人类生产和生活环境的影响。耕地生态系统最基本的功能是通过经营土地生产粮食或农产品为人类服务。其次,生态环境作为全人类赖以生存的生活资源,并不能运用经济效率对其进行具体的衡量,也很难用货币价值对其投入和损失进行计算。最后,作为人类赖以生存的粮食来源,耕地的生态效率更为重要。耕地利用的生态效率不仅决定了人类社会的粮食安全和基本需求,也同样影响社会稳定与社会和谐。因此,只有科学结合耕地利用的经济效率、社会效率和生态效率,才能全面合理地配置资源,提高耕地利用效率。

4.利用效率

利用效率是经济效率、生态效率和社会效率的综合表现。耕地利用效率的提高主要通过经济效率、社会效率与生态效率三方面综合体现。首先,虽然三种耕地效率产生各不相同的影响,但在耕地利用效率中相互协同,互相依存。例如,对符合条件的荒地进行开垦,通过人力、物力以及各种生产要素的投入种植粮食作物,不仅出售粮食具有经济效率,同时种植所需的劳动力给当地带来了社会效率,最后开垦荒地也减少了水土流失等自然灾害,提升了生态效率。其次,耕地利用效率还需考虑利益相关者的需求,不断协调和解决社会各个主体对耕地的需求以达到协调控制、各得其所的目标。总之,耕地利用效率的提高并不是单方面的提高就能达到,也不是单纯地达到一个或几个目标的利益最大化,而是通过各种效率全面衡量、合理分配才能最大限度地发挥耕地价值,实现优化配置。

(二)基于农业生产视角的耕地利用技术效率

农业生产视角下的耕地利用效率是将耕地资源带入农业生产系统,由多种投入和农业产出表示。耕地利用技术效率主要反映了耕地与其他农业生产投入资料之间的合理利用以达到最优的农业产出。而这一利用效率不仅与耕地以及在耕地上的劳动力、资金、技术等生产投入有一定的关系,而且与耕地利用方式、耕地利用现状有一定的联系。

综上所述,基于不同的研究层面,耕地利用效率的界定范围有所不同。本研究旨在从微观层面以农户为研究对象,以细碎化的利用格局为前提条件对耕地利用效率进行分析。因此,本书所研究的耕地利用效率是农业生产视角下的耕地利用技术效率,从耕地生产的投入和产出以及耕地利用状况等因素出发对耕地利用效率进行研究。

第二节　基本理论

一、规模经济理论

规模经济是指在既定的(不变的)技术条件下,在某一时间段内,产量增加,平均成本递减。从经济学术史的角度来说,规模经济理论源于亚当·斯密,但首次将规模经济运用在生产投入产出系统中的是英国经济学家马歇尔。他认为随着生产单位规模的扩大,产品的生产成本随着生产要素有效运行、生产效率逐渐提高、产品产量不断增加而降低,从而实现规模效益。而其中决定产品生产成本最关键的影响因素就是对大型生产设备的使用。随后,马歇尔根据规模经济的形成途径将规模经济划分为两种:企业自身通过对资源合理分配和利用、组织和经营规模的不断扩大而形成的“内部规模经济”,以及行业中企业与企业之间分工合作,互相扶持而形成的“外部规模经济”。马歇尔进一步对规模经济的变化规律进行研究发现,在一定范围内随着产出不断增加,平均成本逐渐降低至最低点后逐渐增高,形成一条先下降后上升的长期平均成本曲线(long-run average cost curve,LAC),其中平均成本最低时达到规模经济极限,即最小有效规模(minimum efficient scale,MES),如图 1-1 所示。

长期平均成本曲线是由若干条短期平均成本曲线(short-run average cost curve)的最低点连接形成的 U 形轨迹,是所有短期成本曲线的包络线。

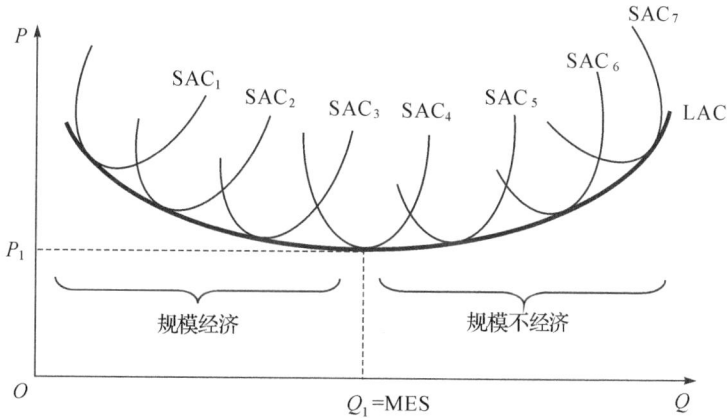

图 1-1 规模经济变化曲线

由图 1-1 可知,短期成本曲线变化趋势较为陡峭,表现了边际报酬递减的变化趋势;而长期平均成本曲线变化趋势较为平缓,表现了规模经济的变化趋势。具体变化规律为:一是当生产单位扩大生产、增加生产要素的投入、提高产量,且平均成本不断降低时,规模报酬递增,即规模经济;二是当生产单位不断扩大生产、追加投入,且平均成本达到最低点时,规模不变,规模效益达到最低点;三是随着生产单位继续扩大生产、增加产量,且边际成本大于平均成本时,规模报酬递减,即规模不经济。因此生产单位一味地追加投资、扩大生产、提高产量并不能保持绝对的规模经济,只有当平均成本与生产规模、产品产量三者相一致时才能达到最优规模经济(马歇尔,2009)。

马克思的规模经济理论是传统规模经济理论中另一重要分支。马克思在《资本论》中提到大规模生产是推动社会生产力的核心力量。他认为,劳动生产率的提高是工业发展的必经之路,只有合理分配劳动力、科学分工才能通过大规模的生产积累节约生产资料;才能产生那些按其物质属性来说适于共同使用的生产资料,如机器;才能运用自然力为生产服务(马克思,2004)。同时,马克思认为扩大生产规模主要有两个目的:一是产、供、销的联合与资本的扩张;二是降低生产成本。最后,新古典经济学派则从边际成本视角出发,指出当边际成本与边际效益相等时达到规模经济。

土地是农业生产不可替代的生产资料,故农业规模经营在很大程度上指土地规模经营。耕地生产系统作为典型的生产投入产出系统也具有规模经济的问题,按照其产生原因分为内部和外部两种规模经济。耕地生产水平并不能直接反映外部耕地规模经济,而是通过生产过程外的农业公共设施、市场条件、农产品周边产业发展等外部效益决定的,是影响耕地规模经济的外部因素。而内部耕地规模经济,主要由耕地种植面积、细碎化程度和生产要素投入情况决定,是影响耕地是否具有规模经济的直观表现(蔡昉、李周,1990)。本书所分析的耕地规模经济主要为内部耕地规模经济,从耕地条件、耕地利用状况等内部条件分析规模经济。

耕地规模经济通常是在一定的科技水平下,随着耕地经营规模扩大,生产能力提高,农产品产量增加,生产成本逐渐降低的过程。首先,耕地经营规模的大小取决于耕地种植面积、资本、劳动力等生产要素的集中程度。细碎化的耕地利用方式导致耕地只能由不同的农户零散种植,虽然种植面积相同,但地块数量较多,生产要素不集中,无法形成规模性耕地经营。其次,耕地规模经营又与规模效率密切联系。耕地经营规模的扩大一定程度上提高了农作物产量、增加了农民收入、降低了生产成本。在分散的耕地分布状态下,细碎化导致耕地无法大规模集中经营、规模不经济,从而影响耕地利用的效率。最后,耕地经营规模也不是越大越好,而是应通过土地、劳动力、资本等生产要素的合理配置,适度扩大耕地经营规模以达到最优经济效率。耕地规模经营是否适度一般由耕地生产成本高低进行评判。

二、土地集约利用理论

土地集约利用最早源于以大卫·李嘉图为代表的古典政治经济学家研究农用地时提出的地租理论。他们认为,在有限的土地中投入大量的生产要素和劳动,运用科学技术和有效的管理方法获取尽可能多的农产品和农业收入的经营方式叫作土地集约利用。地租理论从一个侧面解释了土地集约利用效率,马克思在地租理论的基础上将级差地租分为两个等级:级差地租Ⅰ是农地本身的自然属性差异,例如土地质量、土地位置等;级差地租Ⅱ则是由资本投入、技术革新、管理方法带来的差异,即集约利用的存在(朱晓,2009)。

因此,土地集约利用通常从生产投入增加、收益提高表现出来,而其中土地与资本、劳动力的投入量和结合程度被看作是土地利用的集约程度。土地、资本和劳动力的投入量越大,土地利用的集约程度越高。换言之,土地利用投入强度越高,土地利用集约程度越高(李嘉图,1972)。由此得出,土地集约利用实质上是土地投入产出的关系,其理想状态是以最少的投入获得最高的产出。首先,土地的投入作为基本生产投入对土地集约利用程度具有决定性作用。细碎化的耕地分布虽面积相同,但地块数量的增多造成耕地利用中其他生产投入的增加,从而降低集约程度。其次,细碎化的耕地分布导致大型农机设备不得不在各田块之间转换,增加了农机设备的使用成本。而根据生产要素的不同,土地集约利用又分为资本集约型、劳动密集型和技术密集型。其中,资本集约型和劳动密集型主要通过在有限的土地资源上增加资本和劳动力投入以提高土地利用的集约度;而技术密集型主要是采用新技术和科学的管理方法最大限度地开发土地自身潜力,达到集约利用(刘新卫,2005;2007)。

　　因而,细碎化的土地利用方式阻碍了土地的集约化利用。一是细碎化的土地利用造成了资本和劳动力投入的浪费,未能做到资本和劳动力投入的有效增加。二是细碎化的耕地分布和利用方式导致大型农机等高科技、高效率的设备和技术无法得到利用,且对较为分散的耕地种植较难统一管理,无法进行科学、有效的规划。

　　然而,根据土地利用边际报酬递减原理,土地利用的集约程度也不能无限提高,即随着同等面积土地的生产投入越来越多,土地收益的增量(边际报酬)会逐渐降低。从图 1-2 中可以得出,土地利用的总报酬(total revenue,TR)受到土地利用的平均报酬(average revenue,AR)和边际报酬(marginal revenue,MR)的影响。土地利用的总报酬曲线分为三个阶段。第一个阶段为不集约阶段。总报酬呈上升趋势,平均报酬由上升趋势转为下降趋势,边际报酬上升到最高值后开始下降。在这个阶段,土地利用报酬呈快速增长趋势,但随着边际报酬由上升转为下降,总报酬增速逐渐减缓。在这一阶段,平均报酬仍处于上升阶段,从而此时停止投入不能达到土地集约利用的目的,应继续增加投入带来更高的土地收益。第二阶段为集约阶段。在这一阶段边际报酬等于平均报酬并逐渐下降后,边际报酬等于零,总报酬缓步上升达到最高值。在集约阶段,虽然边际报酬已逐渐趋于零,平均报酬也开始呈现下降趋势,但总报酬仍在增加并逐渐达到最高,因此此阶段组织生产是集约的。第三阶段为不集约阶段。在这个阶段边际报酬为零,平均报酬也逐渐变为零,总报酬在达到最高值后开始急速下降。由于继续

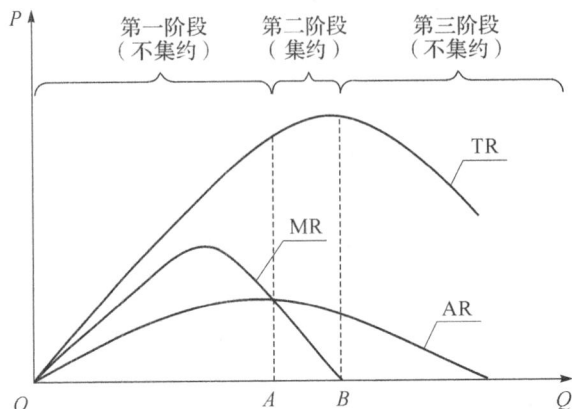

图 1-2　土地利用报酬递减规律

投入生产的边际报酬为负,且平均报酬、总报酬同时趋于下降,因此继续投入生产是不集约的。

由此得出,只有资本与劳动力投入量达到报酬递减临界值,即边际收益等于边际成本时,才能称之为土地集约利用。相反,未达到临界值或超出临界值,只能称之为与集约利用相悖的粗放利用。在我国农村土地的现实条件下,当耕地充足而劳动力、资本相对缺乏时,只能采用粗放的耕地利用方式;而当劳动力充足、耕地数量有限、资本投入较少时,劳动密集型的小农经营更能提高农业产量;当资本充足、耕地数量多但劳动力不足时,往往采用的是大规模的资本密集型农业。

三、现代经济效率理论

现代经济理论中经典的经济效率主要有帕累托效率(Pareto efficiency)和卡尔多-希克斯效率(Karldor-Hicks principle)。

帕累托效率理论由意大利经济学家维弗雷多·帕累托在研究经济效率与收入分析时提出。帕累托效率,又称帕累托最优(Pareto optimality),是指资源配置的最优状态,即在生产管理中,运用有限的资源、资本和劳动力,通过优化配置、合理分配获取最大的效率和效益。这种状态是在生产系统中任何人的状况都得不到改变,即不会有人收益变少,也不会有人收益增多,也就是资源配置达到理想状态,收益达到最大值的过程。在经济学中,帕累托理论被认为是在一个社会体制内,人们为了不断追求自身利益和收益的最大化,最终达到资源合理配置、经济效率最优的结果。

1957 年英国经济学家法雷尔在帕累托效率的基础上,从生产投入产出层面将经济效率进一步分为技术效率与配置效率两个方面。其中,技术效率是在生产投入产出中,实际产出数量尽最大可能地趋近于最优产出数量。而配置效率则是以投入要素的最佳组合来生产出"最优的"产品数量组合。在投入不变的条件下,通过资源的优化组合和有效配置,效率就会提高,产出就会增加。即在技术条件和市场条件一定的情况下,生产投入产出达到最优配置效率。在生产活动中既可以出现配置效率较高、技术效率较低的情况,也可以出现配置效率较低、技术效率较高的情况。

卡尔多-希克斯效率随着福利经济学的出现由英国经济学家约翰·希克斯(John Richard Hicks)提出。卡尔多-希克斯效率又称为卡尔多改进,是指一种由制度变革促使社会成员总收益增加,或者说受益的一方完全可以对受损一方进行补偿且仍有剩余的变动。卡尔多-希克斯效率相比帕累托效率具有更加宽泛的标准。在帕累托效率中,当每个人的收益较原先相比增加或不发生变化时为有效;而卡尔多-希克斯效率则强调了总收益的增加,但有可能因此牺牲一部分人的收益。因此,帕累托效率具有更加严格的条件,但在现实条件下这种不能损害他人利益且总收益增加的条件导致社会变革往往无法推进。而卡尔多-希克斯效率中的收益补偿恰巧补充了这方面的内容,一方面让本该受益的人得到应有的收益,另一方面让利益受损的人得到应有的补偿。

在耕地生产投入中,耕地、劳动力和资本的合理配置是决定耕地利用效率高低的主要因素。耕地利用效率实质上就是耕地、资本、劳动力等相关投入与耕地产出、农民收入之间的关系。增加农民个人收益、提高耕地利用效率同时意味着耕地等资源投入的减少和配置的合理化。我国当前细碎化的耕地利用方式在一定程度上降低了耕地利用效率,造成了资源配置中资本和劳动力的低效投入,同时也并未做到耕地生产投入的合理配置。

在我国细碎化的耕地利用背景下,耕地利用效率不高,耕地生产能力未能充分体现,而耕地规模化利用、集约化利用是解决这一问题的主要方法。此外,实施规模、集约化耕地利用的前提条件是耕地的整体利用和整体规划。卡尔多-希克斯效率为如何做到既提高耕地利用效率,又不伤害农民利益提供了新的思路。一方面选取有能力的企业或农业大户承包土地进行统一管理、规模化种植，另一方面给予失地农户应有的补偿，保障农户的基本生活。与此同时，还可以提供工作机会让被承包的农户在得到应有补偿的前提下获得更多的经济收益。

第三节　本章小结

　　本章主要阐述的是本研究的基本概念以及理论基础。具体来说，从概念上对本研究所关注的耕地、耕地的细碎化以及耕地的利用效率等主要概念进行界定，进一步细化耕地的概念，定义了土地、农地与耕地，分析了耕地的特征；对于耕地的利用效率，阐述了基于功能视角的综合耕地利用效率和基于农业生产视角的耕地利用技术效率的具体含义。同时，进一步明确本研究的理论基础，基于规模经济理论、土地集约利用理论和现代经济效率等理论展开对我国细碎化耕地利用背景下耕地利用效率的研究，为研究奠定了概念和理论基础。

第二章　土地制度、生产技术与人地关系：耕地细碎化的历史演变分析

　　马克思认为，土地是一切生产和一切生活的源泉。土地也是人类从事一切农业生产活动不可或缺和无法替代的生产资料，是人类赖以生存的物质基础。土地是固定有限、不可再生的宝贵资源，是人类生存、发展、生产生活唯一的空间和载体。土地是人类绵延后代、永恒发展的必需条件。而从土地所有制开始，土地与农业的结合，又为社会一切基本摄取提供了生产条件。

　　比较历史分析法是社会科学研究的传统方法。现代社会科学的奠基者，如亚当·斯密、托克维尔和马克思，都将比较历史分析法作为主要研究方法并加以广泛应用。比较历史分析法主要是关注和探讨重大社会问题的因果关系，如现代化转型的原因和影响等。比较历史分析法以发现和解释因果关系为主要任务，擅长运用小样本分析（包括个案研究）对重大社会问题进行解剖。回顾中国有文字记载的历史，不难看出，土地问题几乎是每一次社会变革的导火索。每一次农村土地制度的改革都对中国社会的政治、经济、文化的变化产生重大影响。我国是农业大国，农民是我国社会的主要人群。目前，我国农村土地为我国农民提供了生活来源和就业保障，而农民收入的重要来源仍然是生产经营农村土地。农村土地制度安排是否合理对我国农村经济乃至整个国民经济起到了决定性作用，不同农地制度的社会、经济绩效差异巨大。因此土地问题是中国社会经济发展中的重大问题，是比较历史分析法的适用对象。

　　不同于计量统计和形式模型的比较历史分析法，以史实为基础、以历史事件作为实证分析资料，通过对历史发展过程的分析，研究主要问题背后的关键因果关系。这种方法可以弥补计量统计和形式模型等方法的不足，即受限于数据的可得性及计量方法的适用性，许多根本性问题被有意无意地

回避了。比较历史分析法的运用有望有效地增加我们对真实世界的实质性理解。

本章以我国历史上的土地制度、生产技术和人地关系为主要线索，借鉴比较历史分析法，对农地制度变迁过程、实施形式、基本特点、历史意义进行评析，并对不同时期的耕地利用状况尤其是耕地细碎化的形成原因进行历史分析，以期揭示土地制度，生产技术、人地关系与耕地细碎化之间的互动关系，力图为理论思考提供一种有效的检验或支撑。

第一节　古代社会土地制度与耕地利用状况

一、古代社会的中国农村土地制度

(一)原始社会的农村土地制度

原始社会是人类进化之后建立的第一个社会共同体，也是人类历史上第一个历史阶段。原始社会以亲族关系为基础，分为原始群和氏族公社两个时期。原始社会由于人口较少，生产力水平较低，人类社会之间并没有土地占有的概念。而处于原始社会的原始人群所实行的农地制度遵循的是土地公有制的原则，其生产资料、土地都为人类共同所有。

随着原始社会进入氏族公社时期，土地公有制形成了以氏族公社为单位的氏族公有制。与原始群阶段相比，虽然氏族之间的土地占有观念开始加强，但是在氏族内部仍然遵守土地平均分配、集体耕种的氏族公有制。

实行氏族公有制的实质是生产力水平低、生产经验匮乏、生产工具粗糙所带来的生产产出较低。但随着生产力水平的提高和生活资料的过剩，贫富差距产生，个体劳动逐渐替代集体劳动，原先的平均分配、集体耕种的平衡被打破，阶级社会逐渐形成。

(二)奴隶社会的农村土地制度

随着阶级的逐渐形成，阶级思想在原始人中逐渐产生，原始社会逐步瓦解后进入奴隶社会。公元前 21 世纪到公元前 476 年，中国奴隶社会经历了夏朝、商朝和周朝三个时期。奴隶社会主要实施的土地制度是井田制，也是我国起源最早的土地制度。它萌芽于氏族公社集体耕种的原始社会晚期，在夏、商两朝快速发展，完善健全于西周。首先，"井田"一词最早在《谷梁传·宣公十五年》中有记载："古者三百步为里，名曰井田。"井田制是以九百亩的口字形土地为基础，由八家为井围绕公田。其中，每家拥有一百亩土地，八家以贡、助、彻的不同征税方式共同耕种一百亩公田。公田收入为劳役地租，全部为领主所得，私田收入由个人所得。西周的井田制开始发生变化，由原有的八家为井而有公田的耕作系统转变为九夫为井而无公田的耕作系统。《周礼·地官·小司徒》中描述道："乃经土地而井牧其田野，九夫为井，四井为邑，四邑为丘，四丘为甸，四甸为县，四县为都，以任地事而令贡献，凡税敛之事。"而此时的九夫为井之制中私有的成分已经增加，原先的公田已被耕种者占有，但耕种者仍需缴纳劳役地租才能在私田上进行耕种（李根蟠，1989）。

由于奴隶社会中夏、商、周三个时期的社会性质各不相同，学术界对于这三个时期土地制度的性质也有不同的观点。

有学者认为，井田制所属性质是以土地国有为名的贵族土地所有制。奴隶社会中，国王为最高统治者，也是土地的最高所有者。国王将土地层层封赏，各级受封的贵族以世袭制按血统关系将土地世代相传，但不允许交易或转让土地。同时，受封者需向国王缴纳贡赋才有权在封赏土地上耕种，且一切土地属于国家所有，使用者只有使用权。另一种观点则认为井田制是奴隶制度下的土地私有制（刘法威，2008）。

综上所述，奴隶社会的土地国有制并不是普通意义下的土地所有制，而代表的是国王和贵族以及各个奴隶主等少数人的利益，其奴隶制下的土地所有制实质上就是土地私有制。虽然井田制的土地制度性质有所争议，但可以肯定的是井田制内部具有从公有制向私有制过渡的特征。其中，公私田之分与劳役地租又是阶级剥削形成初期较为完整的表现形式。

总体而言，井田制的出现意味着原始社会的农地公有制的瓦解，并逐渐过渡为农地私有制。盛行于周朝的井田制不仅明确了农耕时代土地的归属，有利于国家对土地的集中和控制，也一定程度增加了国家的财政收入，促进了国家的赋税征收。因此，井田制的出现在很大程度上促进了奴隶社会生产力水平的提高，并成为奴隶制度下暴力统治和阶级管理相结合的农业生产方式和制度结构安排的具体体现。但由于生产技术落后，人地关系相对宽松，耕地细碎化并不明显。

（三）封建社会的农村土地制度

自公元前221年秦朝建立开始,中国进入了长达2000多年的封建社会时期。春秋战国时期,随着井田制的逐渐瓦解,土地制度在我国封建制度下开始了多朝代更替下的周期性变化。一般认为,我国封建社会的土地制度主要分为国家土地所有制、地主土地所有制和农民土地所有制(周诚,1989),其主要形式有:名田制、王田制、屯田制、占田制、均田制和租佃制。

1. 名田制

春秋中期,各个受封的贵族开始占有公田为自己所有,公田逐渐荒废或转为私有。而随着商鞅变法中承认私人占有土地的合法性,并允许土地自由买卖,受封贵族享有世袭土地的特权逐渐丧失,导致奴隶社会的井田制彻底废除,取而代之的是封建制度下的名田制。

名田制,也称为受田制,其具体表现形式是户籍编制在册的每一个百姓都能得到一定的土地(以名占田),而分封的土地数量又按照军功的大小和爵位的高低有所不同,且所有分封的土地均允许买卖和交易(朱绍侯,2004)。按军功不同进行分封的土地制度打破了奴隶社会贵族世袭土地的特权,有效推进了封建社会的经济发展和生产力水平的提高,同时也成为我国历史上第一个土地私有制。土地私有制的出现虽然在一定程度上促进了社会的发展,但也出现了不可避免的矛盾——允许土地交易买卖所出现的土地兼并。

西汉时期,豪强大量购买土地以达到土地兼并导致贫富差距不断增大,出现"富者连阡陌,贫者无立锥之地"的社会现状,同时也对国家集权统治、保证土地的集中和控制产生了极大的威胁。而随着分封土地的饱和,国家只能以金银珠宝等实物赏赐军功,名田制开始名存实亡。

2. 王田制

随着土地兼并和土地买卖现象的日益严重,名田制彻底失败,取而代之的是王莽提出的抑制土地兼并的王田制。

王田制取自《诗经》中描述的"普天之下,莫非王土;率土之滨,莫非王臣",其核心是由地主阶级的土地私有制转变为封建制度下的土地国有制。王莽诏书中描述道:"古者,设庐井八家,一夫一妇田百亩,什一而税,则国给民富而颂声作。此唐虞之道,三代所遵行也,……今更名天下田曰'王田'……其男口不盈八,而田过一井者,分余田予九族邻里乡党。故无田,今当受田者,如制度。"这道诏令指出王田制的主要内容包括两个方面:其一,废除土地私有制,将国家土地更名为王田,实施土地国有制,并禁止私人买卖土地;其二,家中男丁不足八人而土地超过九百亩的,须将多余土地分给其他宗族或百姓。没有土地的百姓可根据一夫一妻分田百亩的制度由国家分封土地(竺培升,1983)。

虽然王莽从主观上看到社会矛盾加深的根本原因是由土地买卖引起的土地兼并,也提出了解决农民无地可耕的改革方案,但是由于封建制度下土地私有制已根深蒂固且王田制实施方案并不明确,王田制仅实施不到三年便被废止。王田制失败的主要原因有两点:其一,与制度变迁的路径依赖性规律相悖。在封建土地私有制已经发展了六七百年的汉朝,想要废除私有制,而根据井田制重新实施土地国有制是不切实际的。其二,违背了社会经济发展的规律。在当时农业生产技术水平还比较低下的状况下,盲目扩大经营面积,虽然土地细碎化程度降低,但是与当时的生产技术水平不匹配,导致土地利用与农业生产发展水平降低。奴隶制度向封建制度过渡后一家一户的个体劳动所带来的封建农业劳动生产力水平,是与封建地主所有制以及土地买卖和兼并相适应的,而王田制的出现必然走向失败。

王田制的出现虽在当时未能顺从民意,无法遏制土地兼并,难以解决社会问题,但其所提出的"均田"思想为我国今后土地改革提供了经验借鉴。

3. 屯田制

名田制与王田制的失败意味着我国古代历史上土地兼并与反兼并的拉锯战正式开始。而围绕着如何反兼并的土地制度也在其后朝代变迁中不断改革。其中较为成功的是曹魏的屯田制和西晋的占田制。

建安元年(196),曹操采纳枣祗、韩浩的建议实施屯田制,在许都(今河南省许昌市)附近集中土地,其中所屯土地为废弃和荒芜的土地,并招募大量流民,由国家提供土地、种子、耕具等开垦种地,同时规定耕地所得收成按照一定比例给流民分成。总体而言,屯田制是一种以屯田为目的,利用军队和百姓开垦荒地,种植粮食以供给军队、收纳税粮的土地制度(高敏,1981)。而在民不聊生、饥寒交迫的汉魏时期,屯田制的广泛推广促使当时有限的生产资源得到了充分的利用,也大大提高了当时的粮食产量。但随着封建制度下屯田剥削日益严重,农民被束缚在土地上毫无自由,且大量屯田土地被门阀豪族抢占。最后,屯田制随着大量农民的反抗,在被破坏后逐渐消失。

（建安）屯田制成功的经济原因在于使有限的生产资源得到了高效率的分配使用。汉朝末年由于战争,大量土地废弃和荒芜,又有许多农民流离失所。屯田制将土地和劳动力资源快速有效地结合在一起,有效地促进了农业生产。不但粮草供应有了保障,而且大大减轻了农民运粮的沉重劳役负担。

屯田制消亡的原因在于剥削量日益加重。屯田制的分配比例由最初的"官5民5"上升到了"官8民2"的程度,引起了屯田民的逃亡和反抗。屯田土地又不断被门阀豪族所侵占,于是屯田制逐渐破坏了,264年政府宣布废除民屯。

4.占田制

西晋时期颁布的占田制是在屯田制被破坏的前提下,允许农民占垦开荒,并确认和保护了官僚士族、门阀豪族对土地的特权。占田制实质上是一种既保证国家粮税收入,又保护了贵族和官吏特权的土地制度。占田制对农民、士族地主、荫客和荫亲属的占田数量给出了具体的规定。第一,农民可占有土地数量为男丁可占田七十亩,女子可占三十亩,且丁男五十亩、次丁男和次丁女分别二十亩需缴纳课税。第二,士族地主、荫客和荫亲属则享有多占田的特权:一品官可占田五十顷,以后官衔每降一品其占田递减五顷,最低官品可占田十顷。占田制还规定贵族官吏可以以荫客制荫庇亲属、食客或佃户等,按照品级高低荫亲属最高可九族,最低为三族,荫佃户从十五户到一户,食客从三人到一人。这些荫客和荫亲属同样有权占田,但所占田归主人所有(金家瑞,1955)。

总体而言,封建制度下的占田制虽然还存在强烈的剥削意识,但是有如下积极意义:第一,扩大了耕地资源。占田制鼓励百姓占垦开荒,消除了对性别和年龄的规定,增加了百姓的占田数量,为国家扩大了耕地。第二,调动了农民的生产积极性。与屯田制相比,这一时期百姓负担相对减轻,调动了农民的生产积极性,也促进了当时的社会稳定和经济发展,推动西晋时期成为整个封建社会中征收课税最少的朝代。

5.均田制

到了北魏时期,随着占田制的推广和发展,制度更为完善的均田制出现。均田制是北魏孝文帝改革建立的封建国家所有制与土地私有制并存的土地制度,主要内容是在封建制度下按人口将无主荒地分给农民耕种,部分土地需根据情况按时限归还给国家,部分土地需在授田农民死后归还(张金龙,2015)。具体来说,北魏时期将土地分为露田、桑田、麻田和宅地四种。

首先,凡十五岁以上的百姓,男子可授露田四十亩,女子授田二十亩。其次,此基础上每个男子分得二十亩桑田限制种植桑树、榆树或枣树等。桑田为永久田,可世袭后代,在桑田数量不足或超过家中男丁应授数量时可适当买卖。再次,在不适宜桑树生长的地区,每个男丁授麻田十亩,女子授五亩。此外,拥有奴隶和耕牛的地主可额外获得土地,其中奴隶与普通百姓一样授田,但耕田归地主所有;限四头四岁以上的耕牛每头可授田三十亩,所授田不得转让和买卖,年老或身死后还田。最后,均田制还规定新迁徙的居民中每三口可授田一亩,奴隶五口授田一亩,并对残疾人、老人和寡妇还有免税等优惠。

到了唐朝,均田制有了进一步的完善。唐朝将土地划分为口分田和永业田,其中口分田即为北魏的露田,农户死后需归还国家,永业田享有终身制,可世袭,并明确规定:一是妇女、奴隶和耕牛不再授田,成年的丁男和中男授口分田八十亩,永业田二十亩。二是老男和残疾者授口分田四十亩。三是妻妾授口分田三十亩;以上百姓为户主者加授永业田二十亩,口分田三十亩。而贵族亲王授永业田五顷至一百顷不等,官员授永业田二顷至六十顷不等。贵族官僚所授田可自由买卖,百姓则只有迁徙和无力丧葬者可出卖永业田(刘法威,2008)。均田制实现的积极意义表现在以下几个方面:

第一,土地产权被清晰界定。均田制通过对土地所有权和使用权的明确界定,减少了田产纷争,调动了百姓劳动生产的积极性,在当时土地利用技术水平下的所有耕地几乎都得到了利用,有效地缓和了当时土地荒芜,扩大了耕地面积,对当时恢复农业生产和经济发展起到了促进作用。

第二,经营规模与当时的生产技术水平相适应。均田制虽然在一定程度上推动了"土地细碎化"现象的发展,但是总体而言这种"土地细碎化"是与当时的生产技术水平相适应的;与其说是土地细碎化程度的加深,不如说它推动了土地的适度规模经营的实现。

第三,在一定程度上兼顾了公平与效率。虽然均田制并没有做到绝对的平均分配,只是在一定程度上限制贵族官僚土地数量,保证贫者最低的生活水平。但是,在地主阶级根深蒂固的封建社会,均田制的建立缓和了统治阶级的内部矛盾,为封建社会的鼎盛时期的发展奠定了基础。均田制作为我国封建历史上较完善、较健全的国家所有的土地制度,对后续土地制度的建立产生了深远的影响。

6.租佃制

唐朝中叶,随着社会生产力和商品经济的发展,封建制度下土地私有制与国家土地所有制并存的均田制的矛盾开始逐渐显现,土地兼并的趋势已无法缓解。国家有限的土地最终产生无土地可授的现象,加之政府对原有授田百姓的暴力征税,导致百姓纷纷逃离或出卖土地而投靠官僚成为佃户。780年,随着两税法的颁布,均田制彻底瓦解。

随着佃户的逐渐增多,租佃制重新盛行起来。租佃制是2000多年的封建社会中随封建生产方式而形成的封建生产关系。租佃制是指完全失去土地的农民向贵族官僚或地主租种土地维持生活并按照规定缴纳相应地租的一种契约关系。随着均田制的失败,租佃制成为除自耕农形式以外最为普遍的生产经营方式。首先,唐朝时期佃客的增多使租佃关系进一步发展。贵族官僚或地主以土地出租给农民,农民耕种土地并向地主缴纳粮食作为租金。而借租土地的百姓可分为佃主、作人和耕犁者,其中规定仅作人或耕犁者为佃户,佃主则是承包土地并再出租的中介。其次,宋朝时期政府取消对土地兼并的遏制,政策支持下土地的大规模集中推动租佃制有了进一步的发展。宋朝的租佃制在原有地主将土地出租给佃户并按照规定缴纳地租的契约条件下,还规定佃户在契约期满时可自由选择续约或离开(漆侠,1982)。租佃制的主要特征有:

第一,土地所有权与土地使用权发生分离。在封建社会,土地兼并带来的土地集中时常发生并且非常严重。一方面,土地所有者在当时的生产技术水平下,是没有能力耕种所拥有的全部土地的;另一方面,有大量的无地或少地的农民没有土地耕种,对土地使用权产生了巨大的需求。因此,土地所有权与土地使用权分离应运而生,土地租佃制是土地所有权与土地使用权分离的最为普遍的实现形式。

第二,佃农经济独立性的增强和生产积极性的提高,对农业生产水平的提高起到了一定的促进作用。总体而言,租佃制下的地主与佃客的人身依附关系是逐渐削弱的。地主只能奴役佃客本人,不可奴役佃客的家人、亲属,不能强迫佃客出卖土地的规定稍稍缓和了剥削、奴役农民的状况。同时,租佃制中规定明确地租和可自由签订的契约。租佃制的发展延续到明清两朝,租佃契约更加完善,租佃关系有了很大的进步。契约上除前代所涉内容外,还包括了租佃亩数、租佃位置、租额等明确的租佃信息(邹萍,2003)。随着地主阶级中佃客的逐渐增多,土地兼并现象更为频繁,无地和少地农民租赁土地进行耕种已经成为普遍现象。

而在租佃关系中永佃权作为当时最为普遍的租佃形式,主要是佃客永久租种土地且享有租种土地的使用权但不享有租种土地的所有权。佃客不仅可以永久在租佃土地上进行耕种,还可以买卖、转让、抵押租种土地的使用权。这种形式下的租佃制大大减弱了农民对封建地主的人身依附关系,是我国封建社会条件下自给自足的自然经济产物,也反映了封建晚期地主阶级与农民之间的土地关系。同时,封建社会的土地制度延续影响了半殖民地半封建社会时期的旧中国很长一段时间。

二、古代社会的耕地利用状况

(一)原始社会耕地利用状况

在原始社会时期,人类劳动生产力十分低下,劳动所产出的生活资料极为有限,仅仅可以维持人类的基本生存需求,生活水平极为低下。并且,在原始的自然条件下,生产工具十分简陋(多为棍、棒、石刀、石锄等原始工具),人类只能依靠人力从事较为简单的农业生产活动,其耕种方式也基本采用原始粗放的刀耕火种。地域辽阔、人烟较为稀少的社会条件决定了农业生产必须是简单协作的集体农业劳动方式,而其土地制度是与之对应的土地公有制。因此,在采集、狩猎等自然状态的农业原始发展阶段,生产工具极为简陋,在农业生产力极为低下且人地比例极度宽松的条件下,耕地利用并不会出现人为的细碎化现象,耕地细碎 S 指数等于1。

(二)奴隶社会耕地利用状况

在奴隶社会时期,农业生产技术稍有提高,在生产力水平稍有发展的前提下一部分人出现了占有土地的意识,土地性质也由原始社会的土地公有制转变为奴隶社会的土地国有制。土地所有权归国王所有,诸侯贵族享有土地世袭权,普通农民没有土地。奴隶主享有土地并强迫奴隶在土地上集体耕种,且生产的农产品全部归奴隶主所有。奴隶主通过对生产资料和生活资料的私有化集中控制奴隶的生产生活,让奴隶常年处于受压迫的生活状况。虽然,奴隶社会的农业生产技术和生产力水平较原始社会稍有提高,但在生产工具和生产资料集中被奴隶主控制的条件下，奴隶几乎没有生产积极性，农业发展和生产技术的改进极为有限，农业生产也还是局限于以人力生产为主要耕种动力，耕地仍处于小面积利用、大面积荒芜的状态。

因此，在生产力水平和农业生产技术水平极低的农业发展水平下，人地比例依然十分宽松，大量的土地需要人力开发和耕种，以耕地占有为特征的"细碎化"对耕地利用水平的提高起到积极推动作用。其主要原因是：一是耕地的固定占有有利于耕地质量提高，例如生地变为熟地；二是耕地的固定占有使得耕地占有者对自己劳动有了稳定的预期，从而有效增加对土地投入的激励。井田制下每家耕种的土地连成一片，耕地细碎化现象几乎没有出现，耕地细碎 S 指数接近于 1。

（三）封建社会耕地利用状况

第一，在封建社会生产力水平有了较大的提高，土地利用范围大大地扩大。在这一时期，生产力水平提高的重要标志之一，就是生产工具的改进：农业生产工具由石、骨等转变为青铜器和铁器等劳动工具，为生产力提高奠定了基础；同时，农业主要耕动力也由主要靠人为主的生产方式转向靠牲畜为主的生产方式，让原先需要大量人力协作完成的工作量变为只需少量的劳动力就可以完成。农业生产力水平提高的必然结果是大量荒芜的土地被开发利用。

第二，人地比例发生了较大的变化。随着封建时期经济发展和生活水平的提高，人口大量增长，国家已不能保证对土地的无限供给，人地比例关系出现紧张。

第三，多种土地所有制并存，土地所有权集中现象成为社会矛盾焦点。封建社会时期，土地制度开始出现国有制和私有制并存的以封建地主土地所有制为核心的多种土地所有制形式。一方面，农民逐渐开始拥有少量土地的所有权，在一定程度上促进了农业生产力的提高和农业生产技术的改进，成为封建社会农业发展的主要推动力。因此，以家庭为单位的生产经营逐渐取代了奴隶社会集体协同劳动生产，其土地性质也由土地国有制转变为以土地私有制为主导的封建所有制。另一方面，贵族官僚、门阀豪族受到封赏后开始对土地进行占有和兼并，他们逐渐成为封建社会的地主阶级，并通过抢夺、强占、购买等方式不断兼并土地，扩大对土地的集中控制。一些小地主或自耕农在经营不善、劳动力不够、田赋过高等原因驱使下将土地卖出、转让或出租，而加剧了大地主对土地的进一步兼并。

第四，土地细碎化现象开始出现程度逐渐加深趋势。虽然土地所有权高度集中，但是土地所有者并没有能力对其所拥有的土地进行经营和耕种，由当时农业生产技术水平决定的耕地利用方式只能采取分散的小农经济模式。栾成显先生对明代徽州休宁县的朱学源户遗存的文书进行了研究，发现"该县共有田地803.22亩，这800余亩土地分散在1259块鱼鳞字号地段上，分布地区涉及三个都九幅图"（栾成显，2007）。土地细碎化现象产生的主要原因有以下几个方面：首先，根本原因在于人地关系发生重大变化。人口在较短的时间内有了很大的增长，但土地包括荒地资源是有限的，导致人地比例大大提高，每个农户经营的土地规模受到很大限制。其次，诸子均分制对土地细碎化起了推动作用。虽然土地经营规模变小并不必然导致耕地细碎化，但是，由于中国传统的财产继承方式是诸子均分，并且在分配土地的时候采用远近好坏搭配的方式，土地细碎化程度加深是必然的。最后，地主对土地细碎化程度的加深起到了一定的推波助澜作用。

第二节　近现代社会土地制度与耕地利用状况

一、近现代中国农村土地制度

第一次鸦片战争的爆发是我国近代史的开端。随着外国资本主义国家的侵略，我国逐渐从自给自足的封建社会沦为半殖民地半封建社会。在帝国主义长期的侵略和掠夺下，我国的政治、经济、文化都遭到了严重的冲击而停滞不前。然而，无论是反帝反封建的旧民主主义革命时期，还是以五四运动为开端的新民主主义革命时期，作为社会变革导向的土地政策都是革命运动最为主要的内容之一。而近现代史上农地制度的改革不仅彻底地推翻了封建社会下的土地剥削制度，建立了农民土地所有制，也极大地维护了农民的根本利益，改善了农民的基本生活。同时农地制度的改革也推动了近现代中国社会、经济的发展和进步，积弱积贫的中国发生了翻天覆地的变化。

（一）清末民初的农村土地制度

鸦片战争后,随着帝国主义的侵略,我国封建社会下的自然经济彻底崩溃,逐渐从一个独立自主的国家沦为半殖民地半封建社会。然而,我国农村土地制度并没发生根本性的转变,仍延续了封建制度下的封建土地所有制。土地兼并带来的土地大规模集中和战争局势下农民被剥削和压迫得越来越严重之间的土地矛盾已无法调解。

19世纪50年代,我国爆发了以洪秀全为领导的农民起义战争——太平天国运动。2万多名农民为抵抗民族压迫和阶级剥削、实现土地平均分配的理想,在广西金田村起义,建号太平天国并颁布建国纲领——《天朝田亩制度》。

《天朝田亩制度》是封建社会的对立物,是代表了农民几千年来反封建斗争的历史产物,体现了"有田同耕,有饭同食,有衣同穿,有钱同使,无处不均匀,无人不饱暖"的绝对平均思想(龙盛运,1963;郭毅生,1981)。

《天朝田亩制度》中土地制度的基本内容包括:第一,规定土地等级。所有土地分为九个等级,按照每亩田的粮食产量将土地分为上、中、下三等级九等差。其中,上田、中田与下田之间等量分配,即一亩上上田等于一亩二分中田,三亩下下田。第二,规定了"凡分田照人口,不论男妇"的土地分配的基本原则。不论男女,按照每户人口多少分配田地,且按照每户人口好田坏田搭配均分。并且本着"凡天下田,天下人同耕"和"凡天下田,丰荒相通"的原则,当该地区土地不足以分配时,则迁徙到土地充足的地区;当该地区粮食产量较低时,则转移产量高地区的粮食救济产量低的地方。第三,明确了土地分配的基本方法。户籍中十六岁以上的男女授田亩数比十五岁以下的男女多一半(王明前,2006)。

《天朝田亩制度》以解决农民土地问题为中心激发了千百万农民反对封建统治、推翻封建土地制度的强烈意愿。它对封建地主所有制的彻底否定和打破推动了农民参加太平天国运动的决心和积极性。然而,这种由农民凭空想象的绝对均分主义违背了当时以小农经济为基础的自给自足的自然经济条件,在当时的社会条件下是不可能实现的(龙盛运,1958)。根据社会现实情况的需要,太平天国政府为解决粮食短缺的问题实行"着佃交粮"制度,其实质就是仿照清朝征收田赋(赵德新,1981)。最终,作战指挥的失误、战斗意志的丧失、政权的严重腐败以及农民阶级本身的缺陷性导致了太平天国运动的失败,也宣告《天朝田亩制度》未经实行就随之流产(魏千志,丁博生,1953;刘秋霞,1997;陈晗阳,2009)。

虽然,乌托邦般的《天朝田亩制度》仅仅是农民阶级的空想,但其彻底打破封建剥削、直接对立封建地主所有制的土地制度对之后我国进行土地制度改革、建立具有革命性和进步性的农村土地制度具有重大意义。

(二)国民革命时期的农村土地制度

1905年,孙中山先生在同盟会创立时提出"驱除鞑虏,恢复中华,创立民国,平均地权"的口号,并将其作为革命的重要纲领。1911年,辛亥革命爆发后,孙中山总结了革命屡次失败的原因,将"土地国有,平均地权"作为民生主义的主要内容。他意识到中国的革命本身是土地的革命,并指出农民是革命斗争的主要参与者,只有解决农民最根本的问题,巩固农民革命的基础,才能取得革命的胜利(刘法威,2008;徐畅,2013)。一方面,孙中山先生在西方留学时发现资本主义社会中土地价格攀升、仅少数地主得利的现象;另一方面,他认识到中国农村土地荒芜、农民生活萧条的社会现状。他逐步从重视城市土地问题转移到重视农村土地问题,并融合亨利·乔治的土地理论、达马施克的土地改革理论,以及我国根据当时的状况所提出的"地价自报""耕者有其田"的独特理论,提出了符合我国国情的土地制度——平均地权。平均地权的主要思想并不像太平天国运动的《天朝田亩制度》一样均分土地,而是在于全国人民平均享有土地产生的利益。其中,平均地权首先强调"均",意在权利人人平等;其次突出的是均权,意在保证人民权益和机会的均等;最后平均地权着重的是均地权,其含义是重视土地利用效益的提高和使用权益的平均分配(吴次芳等,2006)。

1. 平均地权的实施

综合孙中山在中国国民党第一次全国代表大会上的宣言来看,为实现"地尽其利,地利共享"的目标,平均地权具体的实现方法是:第一,国家规定土地法、土地使用法、土地征收法和地价税法,明确政府在土地管理的职责。第二,私地通过核定报价、就价课税、依价收买、涨价归公的规定保护人民公平享有土地权益。其中,国家承认现有存在的私人土地价值和现状,但国家有权根据需求按当时的报价购回土地,地主不得就地加价。国家虽承认地主对土地占有的既定事实,但在国家未回购前,地主需按核定地价缴纳相应地税。私地由地主自行报价,缴纳地税按报价而定。但地主报价若高出实际价值则需缴纳较高的地税，若报价低于实际价值则政府在收购土地时利益受损。这样的规定在一定程度上限制了地主虚报地价，促使地价更趋于市场化、公开化。第三，耕者有其田。1924年，孙中山先生重新解释了"三民主义"，并提出以农民为重心的"耕者有其田"的平均地权思想，主张国家分配给缺乏土地而沦为佃农的农民一定的土地，并资助这些农民生产耕种（谢麓彬，蒋舜尧，2002）。

2. 土地国有的含义

孙中山先生把资产阶级共和国看作代表全国人民的"民国"，认为国家享有土地的最高所有权，人人享有使用土地的平等权利，与封建社会的土地国有制有着本质的区别。因此，孙中山先生还描述了关于"土地国有"的具体含义：首先，土地是自然产物而不是人类劳动所生产出来的，应由所有人民共同享用而不是掌握在少数人的手里。其次，只有实行土地国有制才能彻底废除封建制度下的土地制度，限制地主阶级对人民的压迫和剥削。最后，国家作为土地使用权的最高控制者，按照资本多少分配土地，不仅可以缩小贫富差距，均衡资源分配，还可防止大资本家通过垄断侵害人民利益的现象出现（隋东廷，2012）。

孙中山先生倡导的平均地权以土地国有制代替封建土地所有制，以向地主征税、回购地主土地，限制了地主阶级的土地兼并，消灭了地主阶级靠土地剥削农民的现象；在无产阶级革命的启蒙和影响下，孙中山先生还认识到农民问题对革命胜利和国家发展的重要性，提出只有彻底解决农民问题，改善农民生活状况，才能真正调动农民劳动生产的积极性，社会劳动力水平才能提高，土地资源才能真正得到充分利用。

因此，在当时中国共产党领导的无产阶级革命启发下，孙中山先生提出的"平均地权"思想体系是第一个将资产主义革命发展和农民问题相结合的土地制度，是顺应当时社会经济发展的。同时，平均地权的提出和实行也在一定程度上为之后无产阶级的革命和发展提供了宝贵的经验。

（三）土地革命时期的农村土地制度

1.《井冈山土地法》的诞生

1927年8月1日，中国共产党领导部分国民革命军进行了南昌起义。随后，中国共产党在湖南、湖北、河南、江西、广东等地发动大范围的武装战争，并于同年10月到达江西井冈山建立了我国历史上第一个农村革命根据地,为新民主主义革命开辟了道路。此后,中国共产党以农民问题为中心在革命根据地开展了反地主、分田地、废除封建剥削和压迫的革命运动,并相继发展了湘鄂西、鄂豫皖、陕甘宁等大面积的革命根据地。1928年,中国共产党依照井冈山根据地的土地斗争经验制定并颁布了第一部土地法——《井冈山土地法》。根据推行过程中出现的问题,中国共产党又多次对土地法中多处条款进行修正或取消,如更改"没收一切土地,而不是没收地主的土地"为"没收公共土地及地主阶级的土地",纠正"土地所有权归政府而不是农民,农民只有使用权",取消"禁止土地买卖"等(黄琨,2006)。

2. 土地革命路线总方针

1931年,为更好地推动土地革命,毛泽东在深入了解革命根据地的基础上,根据我国农村实际情况提出以"依靠贫农、雇农、联合中农、限制富农,保护中小工商业者,消灭地主阶级,变封建半封建的土地所有制为农民土地所有制"为总方针的土地革命路线(陈锡久,王国学,2002)。其基本实现方法为:

第一,确定我国地权性质为土地国有性质。八七会议中指出,"我国现阶段社会经济的主要内容是土地国有,没收土地"。

第二,明确没收土地的对象。南昌起义后,中国共产党内部对于如何没收土地、没收谁的土地的问题产生了较大的争议。在讨论之初,中国共产党倾向于没收拥有超过两百亩土地的大地主的土地,但从土地改革进行中所遇到的问题中可以发现,仅仅没收田地在两百亩以上的地主的土地并不能真正达到"耕者有其田"的目的。毛泽东在中共湖南省委第一次会议上同样提到,我国小地主的数量远远超过大地主,只没收拥有两百亩以上土地的大地主的土地,并不能真正做到土地国有,也不能满足农民的需求和意愿。要真正做到所有土地归农民平等享用,就必须没收所有地主的土地分给农民。而考虑到小地主数量众多,此条意见难以立即实施。中国共产党在《中央复湖南省委函》中规定,暂时不提出"没收小地主土地"的口号,改没收小地主所有土地为号召小地主进行减租。当革命发展到一定时期时,再对小地主实施没收土地的政策。而在没收土地的过程中,不能避免对自耕农权益的伤害。但中国共产党更不要提出"没收自耕农土地"的口号,而是在"耕者有其田"的共同目标下逐步将我国土地制度转变为土地国有制。总而言之,中国共产党在制定关于没收土地的对象的政策时,并没有仅仅针对大地主、小地主,而是没收包括自耕农在内所有人民的土地,即一切拥有土地者均为没收对象。这种政策与我国在土地革命时期"土地国有"的总方针路线相符合,真正做到没收一切私有土地归国家劳动人民共同使用(栾冰冰,2009)。

第三,为保证没收土地的顺利分配,中国共产党又组织建立县、区、乡的土地委员会对各区土地进行实地丈量,以根据每户人口数量、长幼比例计算出的每户工作量和消费量为标准对土地进行公平分配。在公平分配的基础上实施"抽少补多,抽肥补瘦"的分配原则。对于人口较多土地较少的地区,允许农民迁移到土地较多的地区;分到坏地的农民,其分到的土地在面积上多于分到好地的农民,达到好坏均分(张泰诚,2006)。对没收土地的地主及其家属妥善安置,分配土地给其中有意愿和能力耕地的,没收不能耕地者的土地,并适当给予救济金等。最后,各级土地委员会公开分配方案,对该地区土地插标定界,公开各块土地的户主、面积和位置(栾冰冰,2009)。

第四,社会阶级的划分。1925 年,毛泽东以马克思主义的阶级理论为基础,依据当时社会发展情况,在《中国社会各阶级的分析》中将中国划分为五个阶级:地主阶级和买办阶级、中产阶级、小资产阶级、半无产阶级和无产阶级。地主阶级和买办阶级是依附于帝国主义、阻碍中国发展的最落后和最反动的阶级;中产阶级是对中国革命持有矛盾态度,以实现民族资产阶级统一为政治主张的阶级;小资产阶级是以自耕农、手工业者以及以学生、律师、小商人为代表的小知识阶层为主的阶级;半无产阶级绝大部分来自农村,包括绝大部分半自耕农、贫农、小手工业者等,他们所从事的都是更加细小的小生产经济,而所谓的农民问题,主要就是他们的问题(毛泽东,1991);工人、无产游民和雇农是无产阶级的主要人群。工人为我国新生产力的代表,无产游民为失去土地的农民和失去劳动机会的手工业者,雇农为农村生活最为困难者(董平,2012)。

3. 农民阶级划分

毛泽东根据划分的中国社会各阶层对革命的影响给出了对待各阶级的态度。他认为无产阶级是革命斗争的领导力量,小资产阶级和半无产阶级是革命中最接近的朋友,而左右摇摆的中产阶级亦敌亦友,需小心提防,一切与帝国主义相勾结的地主阶级和买办阶级是革命中最大的敌人(林庭芳,卢军,2004)。

随后,通过对湖南革命区的实地考察,毛泽东又进一步科学地将农民阶级划分为富农、中农和贫农三种。乡村人口中,贫农占 70%,中农占 20%,富农占 10%。贫农又分为赤贫和次贫两类,其中赤贫为完全没有土地、没有资金且没有任何生活依据,不得不外出做工、当兵或当乞丐的;虽拥有土地、资金,但入不敷出,仍需要外出做工的为次贫,半无产阶级中佃农、半自耕农和小手工业等都是次贫。这种由财产多少所决定的阶级划分虽然没有更为细化的分析,但在当时社会水平下为中国共产党土地革命明确了革命的主要力量。

虽然在第二次国内革命战争时期,我国的初级土地革命并不成熟,在革命进行中也出现了一定纲领或法律上的漏洞,但它调动了一切反对封建主义的力量,彻底消灭地主阶级,取得了革命的胜利。

土地革命的胜利为广大农民争取了自己的权益,农民成为土地的主人,真正提高了农业生产力,调动了农民生产的积极性。同时,土地革命也是中国共产党发展中历史性的转折点,为我国人民的彻底解放提供了物质基础。

(四)抗日战争时期的农村土地制度

1.抗日民族统一战线建立

1937 年 7 月 7 日,抗日战争全面爆发。7 月 8 日,中共中央通电全国,号召国共合作和全民族团结,建立民族统一战线,抵抗日本的侵略。在中国共产党的推动下,以国共合作为基础的抗日民族统一战线正式形成,初级土地革命告一段落。

土地政策和制度的安排也随着抗日战争的全面开展有了较大的调整。正如毛泽东所说的,“我们在十年内战时期的土地政策,到抗战时期必须改变,否则就不能缓和国内矛盾和根据地内部的矛盾,发展中国人民自己的力量,共同打日本”[①]。

党中央一方面为建立和巩固抗日战争统一战线实施了减租减息的土地政策,另一方面积极开展大生产运动,为抗日战争时期提供粮食等物质基础,达到了自给自足的经济标准。

中国共产党为继续建立和巩固抗日民族统一战线,规定停止没收地主阶级的土地,在土地改革时期未实行政策的地区,允许地主出租土地收取地租。并且在已经实施土改政策的地区,暂停没收地主土地的运动,承认一切

---

① 毛泽东.毛泽东文集:第四卷[M].北京:人民出版社,1996:270.

抗日战争以前地主的借贷关系(刘宁,2005)。

2.减租减息

但是,中国共产党在始终坚持保护农民权益的前提下,又在以上规定中提出了抗日战争时期减租减息的土地政策,并在实施过程中经历了以下四个阶段。

首先,确立政策。虽然承认地主所拥有的土地并停止没收地主土地,但须以二五减租为基本准则对农民收取地租。也就是说,地主须在战前地租数额的基础上降低25%。为了防止牟取暴利、重利剥削,另外规定农民所欠贷款的利率不得超过年利的20%(肖一平,郭德宏,1981)。

其次,初步实施。为了继续坚持和巩固抗日民族统一战线,促进抗日根据地的不断扩大,党中央决定进一步加快实施减租减息的脚步。1939年,中共中央在《关于深入群众工作的决定》中指出,要加快实施土地政策改革的步伐,坚定对减租减息政策的实施,尽一切努力团结一切可以抗日的力量(何玉叶,1999)。各抗日根据地积极响应,发动群众积极开展以减租减息为目的的土地运动,但实施初期也出现了由经验不足造成的一些错误。减租减息的土地政策虽然存在一些不足,但为巩固抗日民族统一战线和抗日根据地、进一步开展减租减息政策奠定了基础(李永芳,2005)。

再次,全面推广。根据初步实施阶段的实践经验,党中央对减租减息政策做了多次调整,并取得了基本的认识。1942年,党中央明确提出了关于"一方面减租减息一方面交租交息"的土地政策,并明确减租减息政策的基本原则:一是在坚持反封建反剥削的土地制度改革大方向不改变的前提下,保护了农民的利益,保障了抗日和生产时基本的生产力;二是交租交息的政策基本保障了地主的权益,调动了地主抗日的积极性;三是抗日战争需要调动一切有可能的力量,而资产阶级和富农是抗日战争不可或缺的力量,因此,交租交息政策保证了抗日力量不被削弱,他们的利益不受侵害。该阶段土地政策的明确是对初级减租减息制度实施结果的总结,也为抗日根据地在严峻形势下的发展指明了道路(林淼,2011)。

最后,查租减租的巩固。随着土地政策的明确提出,抗日根据地掀起了实施减租减息土地运动的高潮。在成功实施减租减息土地政策的基础上,工作重心逐渐转移到以查租减租为标准的巩固减租减息政策的运动。减租减息的土地政策虽然不能彻底地废除封建制度,但在一定程度上解决了农民的土地问题,减轻了农民的封建剥削,改善了农民的生活,调动了农民的生产积极性。减租减息的土地政策激发了广大农民群众的抗日热情,巩固了抗日民族统一战线,团结了一切可以团结的战斗力量,使中国人民取得了抗日战争的最后胜利。

3. 大生产运动

中国共产党在抗日战争艰难时期在各抗日根据地组织大生产运动,开展一场以自给自足为目标的大规模生产建设的屯田自救运动,为农村抗日根据地的巩固、土地政策的进一步实施奠定了基础。在物质基础十分困难的条件下,毛泽东同志认识到经济问题是建设抗日根据地的首要问题,只有解决了经济建设的基本问题,才能从根本上解决物质困难的基本现状,保证抗日战争的胜利。而大生产运动的开展不仅能克服当时的物质困难,提供军粮、抗战物资等物质基础,也为经济和社会建设积累了一定的经验。

全国性抗日战争初期,中国共产党所建立的陕甘宁边区及其他抗日根据地基本依靠外援和捐赠维持生活,生产生活上处于绝对的被动状态。1938年,陕甘宁边区的党和政府意识到单纯的经济外援和捐赠并不稳定,只有切实开展生产运动,自己动手、发展经济才能掌握主动权,自此党中央展开了一场"自己动手,丰衣足食"的大生产运动(李婷婷,2011)。发展初期,由于经济外援和捐款的供给,军饷等战争物资供给比较稳定,党内工作重心并没有放在发展经济和推动生产上,仅有部分留守军团利用训练之余为改善部队条件从事少许种菜、养猪、做鞋袜等农业和手工业生产。此后,毛泽东在考察时对这样的活动予以肯定,并在日后的多个场合反复强调不要过度依赖经济外援,而是要通过自己动手来解决物质困难。随后,毛泽东在《反投降提纲》中明确提出了"吃饭是第一个问题,自力更生克服困难"[①],开始了一方面在边区开展自我生产,另一方面开展依靠外援的初期抗日战争。

随着战争的长期消耗、经济外援和军队供给的断绝、自然灾害的侵害,抗日根据地在经济和物质上面临着极为困难的处境。在这种极为困难的处境下,党中央指出,边区和抗日根据地需要更加努力地开展生产生活运动,号召党政机关、军队、学校等社会各界加入生产活动,逐步由粮食、经费等物

---

① 中共中央文献研究室.毛泽东文集:第二卷[M].北京:人民出版社,1993:226.

质基础的半自给状态转为完全自给状态。生产运动高潮的掀起让大生产运动取得了丰硕的成果,农业、工商业得到了较大的发展,边区、根据地和学校等中央控制区基本实现了自给自足,缓解了空前困难的形势。在边区已逐步渡过难关的基础上,党中央提出"丰衣足食"的口号并加大力度进一步发展农业、畜牧业、手工业、工商业等行业,促进经济的发展、抗日根据地的巩固和人民生活的改善(周海燕,2012)。大生产运动的成功开展提高了边区人民群众的生产积极性,减轻了人民群众的生活负担,为解放区提供了坚实的物质基础,为抗日战争的胜利提供了坚强的后盾。同时,大生产运动的实施推动了党中央对农村根据地土地的控制、对减租减息土地政策的坚持以及对农民权益的进一步争取。

综上所述,抗日战争时期党中央提出的减租减息的土地政策和大生产运动的开展对抗日战争的胜利做出了巨大的贡献,对中华民族的生死存亡具有历史性意义。土地政策由原来的"没收一切土地,打地主,分豪田"转变为"减租减息,交租交息",这是党中央在民族存亡关键时刻做出的关键转变。而大生产运动的成功开展,为坚持土地政策、巩固抗日根据地和统一战线奠定了物质基础。这种严峻形势下土地政策的转变在坚持大方向不变的前提下,不仅兼顾了农民利益也保护了地主的权益,调动了一切可以团结的力量奋力抗战,抵抗外敌,帮助中国最终取得了抗日战争的胜利。

(五)解放战争时期的农村土地制度

随着抗日战争的胜利,为稳定战后局势,毛泽东在起草党内指示时明确指出,当前的土地政策仍坚持减租减息,暂停没收地主土地为现阶段革命方针;并强调在保证人民土地私有化的地权性质下,在新解放区实施大规模的群众性减租减息,而在已实施土地政策的老解放区继续扩大并开展查租减租的巩固措施。

同时,发动群众对地主进行清算,除规定的地租或贷款利息外,地主所欠农民的债务应出让土地进行抵偿,并通过退租、勾欠、退约或退还耕地的方法逐渐达到"耕者有其田"的土地革命总方针(李海新,2005)。而后,中日民族矛盾的消失使国内阶级矛盾从次要矛盾再次上升为主要矛盾,减租减息的土地政策已不再能满足广大农民群众的要求,农民群众废除封建剥削的意愿越来越强烈。

1946年,中共中央发出《关于土地问题的指示》("五四指示"),将减租减息政策改为没收地主一切土地的政策,掀起了解放区土地改革运动的高潮,也为土地立法拉开了序幕(杜敬,1985)。1947 年,中国共产党召开全国土地大会并颁布了《中国土地法大纲》,大纲明确规定:"废除封建剥削土地制度,实行耕者有其田的土地制度。废除一切地主的土地所有权,地主的所有土地由乡村农会接收,连同乡村中其他一切土地,按乡村全部人口,不分男女老幼,按人口平均分配,在土地数量上抽多补少,质量上抽肥补瘦。"[①]《中国土地法大纲》的实行在一定程度上肯定了 1946 年"五四指示"所提出的"没收地主土地分配给农民"的土地政策,同时改正了废除地主土地所有制政策中不彻底的成分。

但是,《中国土地法大纲》也有一些不完善的地方,例如对于农民阶级的界定并不明确;对于绝对平分土地的规定也有悖中国共产党最初的土地改革总方针。

任何土地制度都是在历史经验中不断完善的。《中国土地法大纲》总结了中共中央在土地改革中积累的革命经验和教训,对解决我国土地问题、广大农民群众的根本问题具有非同寻常的意义。

《中国土地法大纲》是中共中央制定的第一个关于土地制度改革的纲领性文件,体现了中国共产党坚定不移的土地改革总路线,调动了广大农民群众生产和革命的积极性,充分解放了农业生产力,为我国解放战争的最后胜利奠定了物质基础。

总之,近现代历史进程中土地改革的不断推进充分体现了我国广大人民群众废除地主阶级封建剥削的土地制度的决心。从鸦片战争时期《天朝田亩制度》的提出,到孙中山先生"平均地权,土地国有"政策的实施,再到中国共产党"依靠贫农,团结中农,有步骤地、有分别地消灭封建剥削制度,发展农业生产"的土地改革总路线,都始终围绕着农民最根本、最切身的土地问题。而任何一个时期革命的胜利都离不开广大农民群众的支持和帮助。土地问题的解决既关系到国家经济建设的发展和生产力水平的提高,也关系到人民生活水平的改善。因此,土地制度的不断完善既关系到广大农民群众的切身利益,也关系到国家的发展和社会的稳定。近现代历史上土地制度的极大转变和完善不仅继承了几千年土地革命的宝贵经验和教训,也体现了

---

①　俞宏标.从"五四指示"到中国土地法大纲[J].历史教学问题,1990(6):21.

广大人民群众强烈的意愿和要求，同时也为新中国成立以后农村土地制度的建立和改革提供了导向性参考。

二、近现代中国耕地的利用状况

第一，"平均地权"调动了劳动者的生产积极性，农业生产和社会经济得到了一定的恢复和发展，为抗日战争和解放战争奠定了物质基础。由于社会局势的日益严峻和社会矛盾的不断加剧，农民拥有土地的意愿越来越强烈。从太平天国运动开始，"耕者有其田"思想的出现推动农民不断开展土地革命，争取土地权利。均分土地、平均地权成为农民革命、争取权益的动力。

第二，随着"平均地权"的实施，土地细碎化格局逐渐形成，并且程度逐渐加重。土地制度改革通过不同的方式将土地分割成小块以足够分配给农民所有。并且随着土地制度的不断创新和完善，土地不仅被有预计地分成若干小块，而且在更加公平分配的条件下被按照土壤质量的好坏依照上中下等级进一步划分，导致农民所拥有的土地更加零碎、分散。如 Buck（1937）在研究中提到的，20 世纪 30 年代我国耕地细碎化现象已十分常见，其在调查中发现，我国无论是水田还是旱地都有不同程度的细碎化。其中全国农户所拥有的耕地每 0.34 公顷平均被分割成 5.6 块，且每个地块互不相邻，间隔甚远（李功奎，2006）。土地重新按照一定标准分配给该地区的农户，农户再根据家中的人口继续分割土地以方便耕种，保障生活。土地从原先由地主集中控制的成片大面积划分为归属于所有人的小块土地。在这种农村土地制度背景下，我国从 19 世纪末开始就逐渐进入零散、细碎的耕地利用状况，意味着我国耕地开始呈现细碎化的现象。

虽然耕地细碎化在一定程度上提高了农业生产成本，阻碍了农业生产的发展，但是，它并没有与当时的生产力发展产生根本性冲突，加之"平均地权"给劳动者带来了极大的生产热情，抵消了耕地细碎化给农业生产带来的负面影响。

第三节 新中国成立后农村土地制度与耕地利用状况

一、新中国成立后的农村土地制度

新中国成立后,我国顺应发展需要进行了一系列的土地制度改革和创新。随着改革开放和社会主义市场经济体制的确立,我国农村土地制度随之发生改变。新中国成立后,土地制度共经历了四个阶段的改革。第一阶段的土地改革始于新中国成立初期,延续新民主主义时期的土地改革总方针完成转变;第二阶段的土地改革是从 1953 年到 1956 年的互助合作土地改革;第三阶段的土地改革是从 1956 年到 1978 年,是第二阶段土地改革的进一步延伸,逐步形成了高级农业生产合作社和人民公社;第四阶段的土地改革是确立了家庭联产承包责任制,实行了土地公有,以家庭为基本单位经营土地。新中国成立以来四个阶段的土地改革都具有特定的政治、经济、社会背景,土地制度的不断创新和完善促进了我国社会和经济进一步的发展。虽然,每个阶段的土地改革都体现出差异较大的制度效应和实施特征,但它们始终坚持以广大农民群众为中心,以解决农民问题为出发点,以提高农业生产力为根本目标,以科学利用土地为中心思想。

(一)土地改革时期的农地制度

新中国成立后,我国继续坚持新民主主义革命时期的农地制度,废除封建剥削土地制度,没收地主所有土地分配给农民个人所有,使农民拥有同等土地,实现耕者有其田。在《中国土地法大纲》的基础上,我国进行了第一次土地改革。中央人民政府委员会于 1950 年会议表决通过并颁布了《中华人民共和国土地改革法》,明确指出土地改革的目的是废除封建制度下的地主阶级土地所有制,实现农民土地所有制,解放农业生产力,促进农业发展,从而加速国民经济的复苏,开辟新中国工业化的道路(郑有贵,2000)。《中华人民共和国土地改革法》延续了新民主主义革命时期土地制度的总路线,将"耕者有其田"的土地政策以国家立法的形式正式提出,通过六章四十条对土地的没收与征收、土地的分配、特殊土地问题的处理以及具体执法机关和执法办法的设立提出了明确的执行准则。它的提出彻底解决了新中国成立前未能解决的土地问题,消灭了封建剥削的地主土地所有制,确立了以农民个人拥有和经营土地为主的农民所有制。

农民土地所有制的确立让农民享有土地的所有权和使用权,保证了应有的权益,真正成为土地的主人。首先,农村土地产权的拥有帮助农民彻底摆脱几千年来的剥削,实现了平均分配土地、享有土地权利的愿望(周约三,1982)。其次,国家采取多样化的管理方式对土地的产权进行确认,并规定允许农民以买卖、出租、典当或赠予等方式自由流转土地(衣爱东,姜法竹,2005)。

这项政策极大地调动了农民的生产积极性,解放了农村生产力,使农村生产快速得到恢复。首先,《中华人民共和国土地改革法》作为新中国成立初期的过渡性土地制度,不仅完成了新民主主义时期土地改革的总任务,彻底消灭了封建剥削的地主阶级土地所有制,完成了由封建地主土地私有制向农民的土地所有制的转变,实现耕者有其田。其次,以农民所有制为前提的土地产权均分促使超过 3 亿从没获得过土地或者几乎没有土地的农民无偿分配到约 7 亿亩土地,省去农民缴纳地租超过 3000 万吨的粮食,农村土地得到了充分的利用,农民生活得到了基本保障,极大地刺激了农民的生产积极性,解放了农村生产力,为新中国下一步的工业化发展奠定了基础。

(二)农业合作化时期的土地制度

随着土地改革的完成,我国农村形成了以农民私人占有小块土地为基本形式的小农经济经营模式。虽然这种分散的农民个体经营模式为农村生产力的解放做出了一定的贡献,但其分散经营的不稳定性和局限性也逐渐显现出来。第一,小农经济限制了农民利益的进一步发展。虽然耕者有其田的土地政策为农民争取到了土地,实现了农民自主耕种,但其经济体制依然是私有制下的小农经济。农户个体经营土地的分散性让农民在农业基础设施和水利设施的建设上不愿意也没能力投入过多的精力和资本。农民的小农经济意识导致他们还保持自耕自种、自给自足的保守思想,不愿意承担新技术或开发新品种所带来的风险。并且,分散的个体土地经营导致农民没有抵抗自然灾害的能力,农民基本生活受自然因素影响较大(高裴,2015)。第二,农民利益两极分化逐渐严重。虽然土地改革将土地按人口分配给无地或少地的农民,但在生产工具、牲畜、资金等方面仍有很大的差别。在农民土地所有制的前提下,农民个体经营所得的利益实际上是小块土地私有制基础上家庭经营状况的体现。生产条件、生产工具和生产劳动力较为丰富的农民,其收益较多,生活也较为富裕;而生产条件较差、生产工具和劳动力不足的农民,虽拥有同等土地仍不能保证获得相同的收益,且其几乎没有抵御自然灾害的能力,更造成了其难以自救、颗粒无收的现象(高照明,2005)。第三,小农经济的个体生产不能满足工业迅速发展对粮食和原料的需求,生产资料与消费品的生产严重不匹配。分散经营模式极大地限制了机械、农药、化肥等农业工具的使用,严重影响了重工业的发展和农村生产条件的提高(沙健孙,1981)。分散经营模式下的小农经济极大地限制了农村生产力的进一步解放,阻碍了我国工业化发展的进程,违背了社会主义生产资料改造的根本需要(王景新,2001)。

在新的形势和社会发展需求下,我国必须引导农民转变思路,开辟一条新的农村发展路线。马克思和恩格斯指出,人们在生产劳动过程中不仅与自然进行交换,也要在人与人之间进行生产交换、协同合作,这样才能真正进行劳动生产(徐文俊,2015)。他们认为,农民阶级必须进行合作生产,以合作社的形式共同劳动,才能避免在社会发展进程中被淘汰。恩格斯也在《法德农民问题》中指出:"我们要挽救和保全他们的房产和田产,只有把它们变成合作社的占有和合作社的生产才能做到。正是以个人占有为条件的个体经济,使农民走向灭亡。"[①]并且,马克思、恩格斯指出,合作生产是农业发展的必经之路,但决不能以强迫和剥削的形式逼迫农民转变生产经营方式,必须以引导的方式让农民真正意识到合作生产的重要性,使农民主动联合起来走向合作化运动的生产路线,打破小农经济的局限性。与此同时,列宁在十月革命之前就提出,合作社是社会主义的因素、工人阶级的联合、社会主义下农业生产的最好形式,并在十月革命之后带领苏联积极进行农村合作运动,以合作社的生产形式代替小农经济(陈卫东,2002)。毛泽东在马克思、恩格斯、列宁等提出的合作制思想的基础上,结合中国现实条件提出了农业合作化生产路线。而农村合作化思想并不单单来源于马克思列宁主义的合作制思想,同时是以我国农村的实际情况为出发点形成的。因此,党中央以社会主义农业改造为主要目的开辟了一条从社会主义萌芽的农业互助组到初级农业生产合作社再到高级农业生产合作社的合作化道路。

---

① 马克思,恩格斯.马克思恩格斯选集:第四卷[M].北京:人民出版社,2012:371.

　　1951年,党中央商讨并通过《关于农业生产互助合作的决议》,在全国范围内引导农民开展互助合作的经营模式,并组织建立互助组。互助组通常由3~4个农户组成,在自愿的基础上互相交换农具、牲畜、劳动力等生产资料,以小组为单位互换互利、互相帮助,共同完成农业生产。在互助组的开展下,生产效率有了小幅度的提高。一个农民在小农经济的生产经营模式下百亩耕地收粮约780斗,而参加互助组的农民在互帮互助、交换生产资料等条件下粮食产量每百亩增加约50斗。通过农户之间的变工,各个农户开垦荒地、运送肥料的效率大幅度提高,而其他一般农活和锄地除草的效率也有所提高。但是,合作社萌芽阶段的这种"互助"形式并不是真正意义上的合作化,农民之间的相互合作完全在自愿平等条件下协商进行,互助组的成员拥有随时退出的权利。虽然,这种以自愿为前提组成的合作组充分尊重了农民的个人意愿和意见,但是并未真正对生产资料进行集体的合理调配和使用,农民仍保持以家庭为单位的小农分散经营,其土地经营性质还是个体私有制。农户在生产经营需要帮助时就选择加入互助社,而自己可以完成农业生产时就选择退出。这种情况下的互助社成员组成既不稳定也较为混乱,内部成员也常因为农活先后顺序发生争执(王雅馨,2013)。

　　党中央通过对农民生产生活和经济发展的深入调查,总结互助组的经验和教训,提出了"土地入股,统一经营"的初级农业合作社的形式。初级社在互助组的基础上继续承认农民对土地和其他生产资料的私有制,但对生产资料有了统一的使用权。其具体表现形式是:首先,在土地和其他生产资料私有制的前提下,农民以土地入股,共同劳动,统一经营;牲畜、农具、大中型农机工具等生产物资作价入股,由初级社统一使用。其次,社员需共同参与初级社中的生产劳动,农民在完成社内劳动的前提下还可经营自留地或其他家庭副业。再次,初级社所获年收入,除生产投入费用、税金、公积金等,剩余部分按标准分给所有社员。最后,初级社提出按照土地和劳动比例分配报酬,且劳动报酬大于土地报酬,形成了以劳动时间为主、土地入股为辅、农耕用具及牲畜等生产物资等不记分红的年收入分红标准,按照先结算社员土地及生产物资等私有化生产资料的报酬、后按劳分配剩余收入的顺序进行分红(王俊斌,2009)。

　　1956年,我国农村基本完成初级农业生产合作社的改造,全国初级社数量达到139.4万个,共计约11000万农户自愿加入,占全国农户总数的

90％（陈吉元等,1993）。初级社的实现建立在农业生产互助组的基础上,但两者之间存在较大的差异。首先,初级社将农户的土地和生产资料集中起来统一经营管理,充分提高土地的利用效率,并通过合理使用,因地制宜,根据土地自身质量和状况选择适合的作物集中耕种。通过集中经营,合作社将原有的零散土地相互合并,减少了农户奔波于地块之间的时间,节省了农户的劳动时间,减少了劳动人数。其次,合作社对社内农户统一分配,根据农户技术和特长的不同分配劳动,且组织剩余劳动力利用闲暇时间开垦荒地,建设农业基础设施,增强自然灾害防御能力。最后,合作社统一为社员订阅报纸、开办学习班等,一方面向农民传授农业新技术和粮食新品种的相关知识,另一方面引导农民充分认识合作社的优势,提高农民思想觉悟,调动农民生产积极性,确保农村合作社的顺利开展（王俊斌,2009）。农业互助组和初级生产合作社的开展在一定程度上弥补了农户个体私有制下小农经济的局限性,调动了农民的生产积极性,提高了农业生产力。但其发展到后期,产生了例如合作社户数较少、人员稳定性差、劳动计分标准不明确、农闲时期社内农活较少导致部分社员退出自寻生计等问题,导致农民对参与合作社的积极性降低,农民生产情绪低落。此外,我国工业化发展迅速,对原始资本产生了大量需求,农民土地所有制下的生产经营已达不到社会需求,小农经济下的私有制经营已不再适应社会发展。

随着农民所有制下分散经营的逐渐解体,农业合作化经营模式的发展逐渐取代分散经营并满足了当时我国工业化发展对原始资本积累的需求,成为推动农业生产力发展、进一步发展农业规模生产的催化剂。而高级农业生产合作社的出现体现了当时社会的发展需求。在初级社发展时期,高级社已经在部分农业合作社发展较好的地区进行试点,尝试从农业合作的初级形式向高级形式转变。1956—1957年,我国开始进行大规模的初级社转变和高级社建立,农业生产性质基本完成了从初级社的半社会主义向高级社的完全社会主义的转变（宫清玲,2013）。高级农业生产合作社作为农民相互合作的集体经济组织,与初级农业生产合作社的最大区别就是取消了农民私有制前提下的生产经营,将土地和其他生产资料归为公有。其基本特点是:一是高级社规模一般较大,每个合作社包含农户200户以上（苏星,1980）。二是取消土地报酬,土地和其他生产资料无偿归集体所有,统一经营,统一分配。三是高级社按照全国人大颁布的《高级农业生产合作社示范章程》,根据"按劳分配,各尽所能,多劳多得,少扣多分"的原则进行分配。在扣除下一个生产周期所需生产费用和管理费用的基础上,扣除相应的税金、公积金、公益金等费用,剩余部分按照社员每人劳动所得的工分来分配收入。其中,高级社的公积金属于社内集体所有,主要用于农业基础生产、水利设施的建设和中大型农业生产工具的采购等;而公益金则属于社员所缴纳的社会保障,用于医疗、教育、养老等方面的支出。章程还规定每个高级合作社有义务保障所有社员的生活水平:对于丧失劳动能力或年老的社员要保证他们的生活质量,做到老有所依,老有所养;对于适龄儿童要保障其受到相应的教育(王俊斌,2009)。

高级社从初步试点到全面推广仅仅经过了一年的时间,但其带来的巨大变化和深刻意义不容小觑。一是高级社的建立彻底改变了当时农村的社会结构,从农村普遍的个体经营模式转变为社会主义形式的集体经营模式,消灭了富农阶级的剥削,彻底结束了阶级剥削制度,完成了历史性的社会变革。二是高级社的建立对农村生产力的发展起到了积极作用。土地和其他生产资料的集体公有化彻底打破了小农经济下分散经营的局限性,充分调动了农村生产力,增强了抵御自然灾害的能力,提高了粮食的产量。据统计,1956年,我国在遭受严重自然灾害的情况下仍实现粮食5.4%、花生20%、烤烟40%以上的产量增长,且粮食作物的单位面积产量均比初级社时期高出近20%(宋徽瑾,2005)。此外,高级社的建立为土地利用效率的提高做出了一定的贡献。土地集体所有制的提出促进了零散田块相互合并,取消了分界的田埂,扩大了耕地面积。三是土地的集约化生产和集中管理为大型农业机械的使用和新技术的推广提供了方便,也为农业基础设施的改善和水利灌溉系统的建立提供了机会,一定程度上提高了农村的生产效率和土地的利用效率。至此,我国农村土地彻底完成了从农民所有到集体所有、从个体经营到集体经营的农业合作化转变,从农村土地制度彻底转变为具有社会主义性质的土地制度。

(三)人民公社时期的农地制度

虽然农业合作化整体上保证了我国农业生产的稳步提高,但发展后期由于改造过急过快,部分地区也出现了一些问题,打击了农民的生产积极性,延缓了农业生产力发展的步伐。1958年,随着社会主义改造的热潮,党中央认为,以高级社为主的小规模组织不利于农业大规模生产经营,并提出合并高级农业生产合作社发展更大规模的人民公社的建议。同年 11 月,我国农村基本完成了人民公社的建立,参加公社的农民占全国总数的 99.1%(吴振晶,2008)。人民公社是高级农业生产合作社进一步向共产主义转变发展的产物,是农民参与合作化生产积累经验和思想觉悟得到提高的体现,也是高级社进一步激进的结果。人民公社化运动意味着我国农村土地制度由农业合作化时期的合作所有制向集体所有制改变,开始了以"一大二公"为基本特点的农村生产。其具体体现为:

第一,"大"指的是人民公社的规模大小。1958 年底,全国除西藏地区外建立人民公社约 24000 个。一个人民公社的规模相当于原有的 28 个高级社,公社人口、土地的平均规模都比原来的高级社大很多(周锡锋,2010)。

第二,人民公社的"公"分为三个方面。一是农民生产资料和财产的公有。人民公社中所有社员的全部生产资料和一切公共财产归公社所有,高级社时期的自耕地、牲畜及其他私有经营也都转为公社所有,由公社集体经营,并以生产队为公社基本单位进行核算。二是贫富之间的公平。人民公社成立之后掀起了"共产风"的热潮,要求人民之间不存在贫富差距。国家与公社、公社与公社之间相互平均,贫富互补。三是供给方面的公有制。人民公社实施以共产主义为理想的粮食供给制、生活资料供给制或全供给制。部分公社实行公共食堂供给制,即社内所有社员吃饭由公社负责;有些公社则实行基本生活供给制,即公社保障所有社员的衣食住行等基本生活;更有部分公社实施免费保障社员所有生活消费的全供给制度。

与"一大二公"相对应的是人民公社"政社合一"的管理体制。随着人民公社基本特点的转变,其政治体制也有了巨大的变化。由农业合作化时期乡社分离的政治管理体制转变为政社合一的分级管理体制。人民公社既是农业经济组织,也是农村基层政权机构,对其农业生产及其他生产经营统一管理。这一时期的农村土地均归人民公社所有,农地产权绝对公有制,且所有农业生产经营和分配供给均由人民公社统一安排调配(罗红云,2013)。1962 年,党中央决议通过了《农村人民公社工作条例(修正草案)》。

人民公社将内部按照等级划分为若干生产大队和生产小队,形成以"社为主体,队为单位"的上下隶属体系,并划分权力层级形成三级所有的管理模式。而这一时期的农村土地由人民公社所有改为生产队所有,生产队范围内的所有土地由生产队集体管理,并负责统一经营和分配;要求"集体所有的山林、水面和草原,凡是归生产队所有比较有利的,都归生产队所有"①。

人民公社恢复社员自留地的权利,允许社员拥有如种植饲料的田地或开荒所得的土地,但社员整体自留地面积不得超过生产队耕地的 15%(吴玲等,2006)。至此,党中央确立了以生产队、生产大队和公社为单位的三级所有的土地制度,也巩固了生产队为主体的农村土地集体所有制。

总体来说,人民公社时期的农村土地制度是高级社时期的延伸和升级,在原有的基础上确定了"三级所有,队为基础,集体经营"的农地制度,确立了以生产队为主体的农民土地集体所有权,保障了人民公社时期农地所有权的稳定。但是,这种农地制度造成了由农民和生产队共同拥有农地所有权所产生的农地产权不明确、产权主体模糊不清的问题。其对农地交易和流转、农地种植种类的限制,以及公社收益分配不合理、农民得到收益与劳动不符等缺陷导致了人民公社的失败(张春海,井荣,2013)。而大规模集约化生产经营的假想并未实现,收益和分配的不平等导致农民的生产积极性严重受挫。土地和其他生产资料的高度集中和机械化规模生产虽然替代了分散的农业生产结构,但粮食产量和农业生产效率并没有迅速提高,农民的温饱问题没有得到解决。因此,随着人民公社时期农业生产的长期低效和利益的不断分化,人民公社的集体所有制逐渐瓦解。但与此同时,人民公社时期出现的"三级所有"和"农村土地集体所有制"也为日后我国农村土地制度的建立奠定了基础。

(四)家庭联产承包责任制时期的农地制度

由于人民公社时期对农村劳动力的严重束缚、农民农业生产经营的消极怠工,我国农村土地制度面临着进一步的改革。党的十一届三中全会后,人民公社下的农地制度逐渐被责任制形式的经营模式所取代,并随着党中央的讨论和对"不联产—联产—包产到户—包干到户"发展阶段的研究,最终确认了集体所有制前提下农民家庭经营的土地制度(王景新,2001)。1978 年,安徽省作为试点首先实行以包产到户为主要形式的家庭联产承包责任制,打破了以农村土地集体所有制为主的传统农地制度,开创了我国农村土地制度改革的新道路。1980 年,党中央在《关于进一步加强和完善农

---

① 吴玲,王晓为,梁学庆.人民公社阶段的农地产权制度变迁及其绩效[J].中国农学通报,2006(11):480-484.

业生产责任制的几个问题》中首次提到包产到户的生产形式,并指出,群众
要求包产到户的,"应该支持群众的要求,可以包产到户,也可以包干到户,
并在一个较长的时间内保持稳定"[①]。

1982 年,党中央经过反复讨论批转了中国共产党历史上第一个以农村
为主题的一号文件——《全国农村工作会议纪要》,支持农民承包土地,包产
到户,包干到户,承认各种承包土地形式的合法性,同时强调农村所实行的
一切联产责任制均是社会主义集体经济体制下的生产责任制(葛福东,
2006)。到 1983 年,约 95%的农民实行了包干到户的生产责任制,家庭联产
承包责任制成为我国农村农业生产的主要经营模式(林森,2006)。1986
年,我国决议通过了《中华人民共和国土地管理法》,以法律形式保障了家庭
联产承包责任制,并指出"集体所有的土地、全民所有制和集体所有制单位
所有的国有土地,可由集体或个人承包经营,其土地的承包经营权受法律保
护"[②]。随着第一批 15 年土地承包期限的临近,1993 年,党中央再次下发相
关文件,指出在原有承包到期后,在土地分配保持不变的原则下开展第二阶
段的土地承包,并将土地承包期限延长至 30 年,充分保证土地承包关系的
稳定和集体所有下家庭经营的农村土地制度的顺利实施(陶林,2004)。

在这种土地制度下,以家庭为单位的土地经营模式替代了集体经营模
式,实现了土地所有权与经营权的分离,确立了以社会主义土地公有制为基
础、以农户为基本单位的新型生产经营模式。换句话说,这次改革的主要方
向是在农村土地集体所有制性质不变的前提下对农村土地经营方式与收益
分配方式的改革。其具体表现形式为:

第一,采用统分结合的双层经营体制,即家庭分散经营和集体统一经营
相结合的经营模式。分散经营充分调动了农民的生产积极性,而集体经营
促进了规模经济的全面发展;分散经营可以弥补由集体经营造成的管理过
分集中、农民生产积极性被挫伤、经营方式单一的缺陷,集体经营可以克服
由分散经营带来的抵抗自然灾害能力低、难以使用机械化种植等困难。因
此,农户和集体相结合的双层经营充分发挥了集体的力量和个人的优势,有

---

① 中共中央文献研究室,国务院发展研究中心.新时期农业和农村工作重要文献选编[M].北京:
中央文献出版社,1992:60-61.

② 王先进.土地法全书[M].长春:吉林教育出版社,1990:20.

效协调了集体利益和个人利益,调动了统一经营和个体自主生产的双重积极性,打破了劳动生产力的束缚(韩荣璋,1997)。

第二,在原有生产队范围内将土地按照土壤肥力、到家距离、地块形状等差别分为不同等级,以农户为基本单位按照生产队内人口、劳动力等标准将队内土地平均承包给农民。农户与生产队、国家签订承包合同书,明确双方的权利、责任和利益,以包干到户的方式分配利益。

第三,国家对生产队农业生产的定量计划,极大限度地赋予了农民自主经营权。对享有自主经营权的农民以农户为单位各自安排生产经营活动,所获取的利益除缴纳相应的国家农业税、集体税外,所有剩余部分均归农民个人所有,即"交够国家的,留足集体的,剩下都是自己的"①。至此,家庭联产承包责任制成为我国长期坚持的农村土地制度,为我国农村经济发展以及工业化、城镇化和现代化的建设做出了巨大的贡献。而我国农村土地制度自此没有进一步大范围的改革和变动,进入了制度不断总结、完善和创新的新阶段。

(五)小结

新中国成立以来的农村土地制度改革,主要经历了四个重大阶段:过渡期的土地改革主要实施的分散经营模式下的农民土地所有制、农业合作化时期从农民土地私有制到集体公有制的转变、人民公社时期的大规模集体所有制、实施至今的家庭联产承包责任制。由此可知,四个阶段的农地制度改革具有特殊的时代背景,反映了我国农村土地制度改革的渐进过程,同时也说明农地制度的改革不能脱离历史单独进行。其中,前三个时期的农地改革由国家主导,是一种强制性制度变迁,虽然在特定的历史时期起到了一定的作用,但由于违背社会制度发展需求,并不能从根本上解决农民温饱和农业生产问题。而家庭联产承包责任制则是由农民发起、党中央认可继而全国推广的制度改革,并最终成为我国施行至今的农村土地制度。这一诱致性制度变迁证明,我国农村土地制度必须是根据我国农村基本情况、切身考虑农民根本问题、从农民根本需求出发而建立的。它必须从实际出发,顺应社会的发展,遵循历史的脚步,在不断总结中改革和发展。也正是中国共产党进行了艰难探索,不断地进行总结、完善和改革,才最终建立了最适合

---

① 王松霈,郭明.论"包产到户"和"包干到户"[J].经济研究,1981(10):44.

中国的农村土地制度。

二、新中国时期的耕地利用状况

第一,1952 年在中国完成的土地改革导致农业生产规模有所扩大,土地细碎化状况有所改善,并表现出显著的经济绩效。1952 年与 1949 年相比,粮食总产平均年递增 13.14%,棉花总产年平均递增 43.15%。不仅迅速恢复和提高了农业生产力,而且为国家工业化的起步奠定了基础。[①] 但是,由于土地平均分配方式的实施以及土地买卖、租赁和转让政策的实行,中国农村土地细碎化格局没有得到根本性的改善。虽然在土地私有制基础上相继推行互助合作制度、初级合作社制度,土地细碎化程度进一步降低,土地经营规模进一步扩大,但是由于推行的时间较短,仍然没有从根本上改变土地细碎化格局。

第二,土地集体公有制(高级合作社、人民公社制度)建立与实行,集体经营的生产方式取代了小农经济下的分散经营方式,导致土地细碎化的现象几乎消失。

第三,家庭联产承包责任制实行,土地细碎化现象又重新出现,并且程度逐渐加深。将土地的所有权与使用权相分离,在保持社会主义公有制的土地性质不变的条件下,赋予农民生产经营和使用土地的权利。其在土地的分配上采取的是公正名义下的平均主义——"肥瘦搭配,远近插花"的按劳分配。这种土地利用方式和分配方式与新中国成立初期的土地改革并无本质区别,仍然实行的是小农经济下的分散经营模式,耕地细碎化的现象重新出现。

20 世纪 80 年代人口潮的出现促使人均耕地面积呈现快速下降趋势,细碎化程度进一步加深。人口的不断增长和耕地面积的不断下降造成我国人地关系日益紧张。表 2-1 显示了 1978—2012 年我国农户拥有耕地面积变化情况。自确立家庭联产承包责任制后,我国平均每个家庭占有的耕地面积和人均劳动力占有的耕地面积都呈现缩减趋势,而这一趋势直接衍生的结果是我国农村家庭经营规模的不断缩小,农户拥有的土地通常呈零碎、分散的状态。20 世纪 90 年代,我国的耕地细碎化问题较欧洲更为突出(见

---

① 陈吉元,韩俊,等.人口大国的农业增长[M].上海:上海远东出版社,1996:4.

表 2-2)。1929—1933 年期间,我国家庭平均土地经营规模为 31.5 亩,户均地块数量为 5.6 块,平均每块面积为 5.6 亩;家庭联产承包责任制确定后,家庭土地经营规模继续减小,农户拥有的地块数量也随之增多。1985 年,我国平均土地经营规模下降,户均地块数量增加,其平均每块面积仅为 1.35 亩(张剑荆,1995)。而近十年来,耕地细碎化程度仍不断加剧的情况引起国家的重视,国家出台相关政策。2017 年,我国农村家庭平均拥有经营耕地的规模为 9 亩。

表 2-1　1978—2012 年我国农户拥有耕地变化情况

年份	家庭经营规模[①]/公顷	人均耕地面积/公顷	每劳动力平均耕地面积[②]/公顷
1978	0.766	0.100	0.277
1980	0.761	0.100	0.272
1985	0.692	0.110	0.247
1990	0.589	0.110	0.210
1995	0.559	0.100	0.200
2000	0.531	0.090	0.190
2005	0.484	0.090	0.173
2010	0.461	0.080	0.159
2012	0.395	0.080	0.141

注:①家庭经营规模=耕地总面积/乡村户数;②每劳动力平均耕地面积=耕地总面积/农村居民整半劳动力。

数据来源:根据《中国统计年鉴》计算而得;耕地面积与人均耕地面积数据来源为世界银行。

表 2-2　20 世纪 90 年代中国与欧洲部分国家耕地细碎化状况

国家	地块平均大小/公顷	人均经营规模/公顷
罗马尼亚	0.52	0.42
保加利亚	1.48	0.90
阿尔巴尼亚	0.31	0.19

续　表

国家	地块平均大小/公顷	人均经营规模/公顷
匈牙利	0.81	0.80
波兰	6.30	0.36
中国	0.087	0.01

数据来源：Dijk T V. Scenarios of central European land fragmentation[J]. Land Use Policy，2003（2）：149-158；李功奎.农地细碎化、劳动力利用与农民收入——基于江苏省经济欠发达地区的实证研究[D].南京：南京农业大学，2006.

第四节　本章小结

第一，由生产技术水平决定的人类改造自然的能力，即生产力发展水平与人地关系，共同决定着土地制度的形成和发展。一是原始公有土地制度完全取定于当时的生产力发展水平和当时地广人稀的人地关系。在原始社会状态下，土地几乎是纯粹自然之物，它还不是自然和人类劳动的综合体，人类个体没有能力对自然界进行改造，由此决定了人类劳动必须采用联合劳动、共同劳动的方式。人类完全是以体力叠加的方式来提高对抗自然界威胁的能力和获取生存资料的能力。加之人地关系极为宽松，土地占有观念没有存在的基础，由此决定了生产资料的公有制和土地的公有制。二是生产技术水平的进步推动了人类从游牧社会变成农耕社会，私有制诞生。由于游牧社会具有巨大的不确定性，随着生产工具得到改进，人类社会转变为农耕社会。而农耕社会形成的前提条件就是相对固定的生活生产空间。于是占有观念逐渐形成，随之发展为私有制，尤其是土地的私有制。在当时的生产技术水平条件下，人类对土地利用的范围相对狭小，即可利用土地资源相对稀缺，推动了土地私有制的发展和完善。当技术进步的速度落后于人口增长的速度时，人地关系就变得更加紧张。

第二，人地关系是推动土地细碎化的根本原因，与土地所有制没有直接关系。一是在原始社会和奴隶社会人地关系相对宽松的状况下，不管是土地公有还是私有几乎都没有出现土地细碎化的现象。二是在中国封建社会数千年的发展历程中,伴随着土地的兼并和集中,土地细碎化现象越来越严重。其主要原因在于人口的快速增长导致了人地关系紧张。三是新中国成立之后通过土地改革实行了土地的社会主义公有制,土地细碎化现象虽然有所缓解但没有根本性的改变。随着人民公社制度的实行,土地细碎化现象基本消失。但是,家庭联产承包责任制的推行虽然并没有改变土地公有制的性质,却导致了土地细碎化现象再次凸显并且越来越严重。其主要原因仍然在于人口的快速增长带来的人地关系紧张。

第三,土地的异质性是土地细碎化形成的前提条件。土地是多样化的、异质的和丰富多彩的,正是其多样性、异质性为人类提供了多样化的产品和服务,可以从多个方面满足人类的需要。如果土地不存在异质性,土地使用权的分割就不存在任何困难,更不会导致土地细碎化问题。在中国封建社会中长期实行的土地继承之中,"诸子均分"是最常见的土地分配制度;当今中国农村实行的土地家庭联产承包责任制,土地实行"按劳分配"。这两种土地分配制度都导致了土地细碎化问题,其形成前提就在于土地的异质性。

第四,土地所有权和使用权的分离与土地细碎化密切相关。土地所有权与使用权发生的分离助推了土地细碎化现象的出现和程度的加深。在原始社会,土地所有权与使用权没有发生分离,土地细碎化现象没有出现。奴隶社会实行"井田制",由于人身依附关系非常严重,土地所有权与使用权没有实际分离;加之土地使用实行连片耕作制度,土地没有被过度分割,也就没有产生土地细碎化现象。在封建社会地主土地所有制下,土地兼并现象严重,土地所有权与使用权发生分离,土地细碎化现象逐渐加重。新中国成立后实行土地集体所有制下的人民公社制度,土地所有权与使用权没有发生分离,土地细碎化现象消失;在同样的土地集体所有制下,实行的土地家庭联产承包责任制导致土地所有权与使用权发生分离,土地细碎化现象重新凸显,细碎化程度逐渐加深。

第五,土地细碎化并不必然导致土地利用效率和农业生产效率的降低,它还取决于技术发展水平和社会经济整体发展水平。在人类原始社会和奴隶社会发展时期,土地细碎化现象几乎没有出现,但是土地利用效率和农业生产效率很低,人类社会经济在很长时间内处于极低的发展水平。很显然,在这一时期土地利用的低效率并不是土地细碎化导致的,而是由技术发展水平和社会经济整体发展水平决定的。在封建社会时期,土地细碎化现象一直存在,有时非常严重,土地利用效率和农业生产效率却有了很大的提高。其推动力量来自生产技术水平的发展,社会经济发展水平也较之前有了很大的提高。新中国成立后实行人民公社制度,土地细碎化现象基本消失,但是农村社会经济发展出现长期的停滞;相反,推行家庭土地联产承包责任制之后,土地细碎化重新凸显,在一定的时间内却推动了中国农村社会经济的高速发展。随着家庭土地联产承包责任制继续实行,土地细碎化程度进一步加深,农村社会经济发展受到制约。

总之,当社会经济发展以农业经济为主体时,劳动力主要集中在农业生产领域,劳动密集型的土地集约利用、土地细碎化的利用方式可能带来土地利用效率的提高;随着工业化、城镇化进一步的发展,社会经济整体发展水平提高,在技术进步的支持下,劳动密集型的土地集约利用转变为技术密集型、资金密集型的土地集约利用成为可能,土地细碎化对土地利用效率的提高将产生制约作用。

因此,本书将研究在当前技术进步水平和社会经济整体发展水平条件下,在中国粮食主产区耕地细碎化对土地利用效率的影响。

第三章　细碎化对耕地利用效率影响的理论分析

第一节　耕地细碎化的成因分析

耕地细碎化是由自然、社会、个人行为等多方面因素共同形成的,其特征可概括为单个地块面积较小、地块数量较多且地块分布不均、距离生活区较远等。耕地细碎化是由综合、复杂的一系列因素所导致的。因此,研究细碎化对耕地利用的影响首先应从揭示耕地细碎化的形成原因入手。

耕地细碎化的形成原因可以归结为自然成因、社会成因和个人行为成因三个主要方面,并可以将其细分为地理因素、土地管理法、农地流转、人地比例和农户选择等十个具体方面。而不同成因对细碎化的形成具有不同的影响权重,如图 3-1 所示。

本书将细碎化的形成原因分为直接因素和间接因素。其中,直接因素是指在耕地细碎化形成过程中起主导作用的因素,是细碎化的决定性原因;间接因素并不直接对耕地细碎化产生影响,但在一定背景下通过其他因素对细碎化产生影响。

耕地细碎化问题是一个综合性、多视角的土地利用现象,其产生的原因有多个方面。现有研究在解释耕地细碎化的形成时一般分为两大类:自然成因和人为成因。自然因素一般是地理方面如地质地貌、地形和水文等对土地的自然分割所带来的细碎化。

而人为成因则包括社会成因和个人行为成因。社会成因包括制度因素(如诸子均分制度下的土地世袭制和继承制)、市场因素(如土地买卖、转让、租赁等土地流转)、人口因素(如人口数量与农地数量不平衡)。

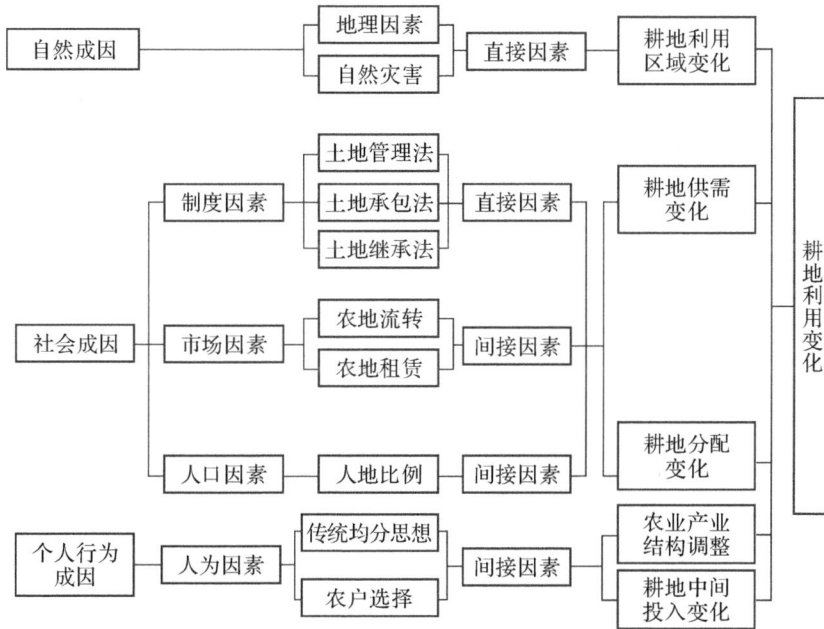

图 3-1　耕地细碎化成因

因此,耕地细碎化的成因不仅反映了耕地与耕地之间、耕地与农民之间的关系,同时也反映了农民与农民之间的关系。通过对农地制度变迁过程和耕地利用状况的综合研究,可以把耕地细碎化的成因总结为如图 3-1 所示的几个方面。

一、自然成因

地形条件是耕地细碎化的形成原因之一(King,Burton,1982)。

首先,由于内外力地质作用,地球表面地质类型具有多样性,地表的高低起伏对土地造成自然的分割。我国农村土地主要分布在山地、丘陵和平原,少量分布在盆地。我国地理环境的多样化导致农地自然呈现不规整、不集中的细碎状(黄宗智,2004;周应堂,王思明,2008)。山区和丘陵地带高低起伏的地貌特征导致土地不能在同一水平线上平整铺开。地势的高低不一导致地块呈现断面形态(如梯田就是丘陵地带典型的田地形态,是沿等高线方向修筑的条状台阶式或波浪式的断面田地),且地块大小也相对较窄,这种断层式耕地分布状态决定耕地是零散、细碎的。

其次,在平原地带,河流、道路的阻隔将平整辽阔的土地分割成若干分布零散的狭小平原。而在河网密集的地区,田埂、沟渠或田间小道等农田基础设施又将狭小的成片土地继续划分为若干小块,形成了分散、细碎的耕地地块。

最后,地质灾害带来的冲压、塌陷等对部分耕地造成土壤和土质的破坏或使其彻底消失。因此,这种由地壳运动和自然灾害带来的地形变化所引起的细碎化现象是自然形成且不可避免的。

二、社会成因

(一)制度因素

中国与欧洲国家传统社会的诸子均分思想下的继承制度也是耕地细碎化的主要成因。

Binns(1950)研究指出,耕地在家族不断继承中被不断分割,变得细碎、分散、不集中。而家族中兄弟姐妹对土地的平等继承在人口高速增长时期加剧了耕地的细碎化程度(Ali et al.,2015)。与欧洲大部分国家的长子继承制不同,我国采取的是按照家族中男丁人数将家族中父母的遗产平均分给所有男丁。而土地作为中国大部分家族遗产中最主要的部分,自然也被继承人平均分配(何炳棣,2005)。尤其是农村家族由于下一代成家或长辈离世出现人口变化时,耕地就会重新在家族内部调整。诸子分田时父母为保证公平不仅会考虑到耕地的面积均分,同样也会考虑到耕地质量的平等。而由于每个家庭耕地数量有限,子女在被分配土地时不得不接受零碎不集中的地块。随着一个大家族的不断分裂,家族的耕地也随之被分割成若干小块再分配给独立出来的小家庭。各个小家庭的土地又继续作为财产一代代地继续细分,直到地块数量满足家庭人口需要。而农户的耕地因为一代代的继承被不断分割成越来越小的地块,耕种面积越来越少,地块数量也越来越多。同时,小家庭分开居住后又让农户与地块之间的距离产生增大或缩小的变化(叶春辉等,2008)。Buck(1930)在早年对我国农户的大范围调查中发现,1910年我国户均耕地面积为2.62公顷,而随着人口增长下土地的均分继承,1933年农户经营耕地的面积减少约13%。他还发现,在诸子均分制度影响下,家族成员对耕地进行一次又一次的分割,耕地变得越来细碎,富农变为中农,中农变为贫农,而贫农更加贫穷(Buck,1946)。农户拥有耕地份额的逐渐减少导致农民最后已不能靠分配的耕地自给自足。

新中国成立后,我国仍保持农民对土地的继承权,并在人口大规模增长情况下继续细分耕地。因此,随着我国人口指数攀升,诸子均分制度下多次分家直接导致农户所经营耕地的细碎化程度加剧。

(二)市场因素

在一定程度上,土地交易也是导致细碎化的原因之一。封建社会时期,土地交易的出现就已经开始导致土地细碎化的出现。在人口压力和土地稀缺的矛盾下,耕地作为农民保障生活的基本财产一般不会在市场中交易,农民只有在无法继续生活或无法偿还债务等情况下才会被迫将耕地拿出来进行交易(赵冈,2003)。在封建社会小农经济的约束下,购买土地的能力不足,农民在进行耕地抵押或交易时通常不是整块卖出,而是根据需求分成若干小块卖出,需要出让多少就分割多少。土地市场中耕地供应的稀缺性促使地主在兼并土地时只能选择一小块一小块零散收购,想要土地呈现集中状态的愿望很难实现。例如,从民国时期相关调研来看,到1933年为止,江苏省启东县5年内卖出的耕地仅占该县耕地总数的0.2成,共计约40亩,平均每村每年出售耕地面积仅不到1亩(周应堂,韩美贵,2006)。Hsiang(1940)对我国16个省进行的研究得出,1935年我国仅10%的农户租入耕地,28%的农户将部分耕地出租给他人,而62%的农户家中的耕地为自己耕种。耕地的零碎交易行为使耕地在人口数量增加的催化下变得更加细碎、分散。

赵冈(2003)认为,在土地交易时土地价格与地块面积之间的"桥型曲线"也导致了耕地细碎化。首先,在交易市场中,土地面积与土地价格在一定临界点之内同比增长,但超过临界点后,土地价格开始随着单块土地面积的增大而降低。在这种现象下,卖方有意识地将土地分割成符合市场需求的若干小块以方便出售,获得更高的利益。其次,土地租赁也在一定程度下造成了耕地细碎化。租赁市场中耕地的频繁交易导致耕地进一步被分割。地主或农场主为收取更多的地租,有计划地将整块耕地细分成尽量小的若干地块,最大限度地出租耕地给更多的农民。而农民也会在考虑耕地质量、地块距离和与自己拥有耕地匹配性等方面的情况后选择性租赁。再次,地租压力也是农民在能够保障温饱问题的情况下选择租赁尽量少耕地的主要原因。而地主为满足市场需求不断分割耕地的行为导致细碎化程度加剧。最后，黄贤金(1998)发现，在发生土地流转的江苏金坛，虽然种植大户通过村组之间土地流转得到的土地面积较大，但地块数量也相应较多。李庆东等(2010)对现行土地市场下产权制度的研究表明，农村土地产权的不明确导致农民不能自由买卖，地块之间没有得到真正的合并，细碎化的问题也依然存在。在土地买卖和租赁的市场驱动下，需求者为扩大经营规模而购买或租赁若干不相邻的小块土地，供给者为满足市场需求而尽量把土地分割成小规模的地块，其行为加剧了耕地的细碎化。

(三)人口因素

有限的耕地数量与人口数量的不断增加导致人地关系日渐紧张。人口的变动造成土地周期性再调整时人均分配的耕地逐渐减少。而人口压力的增加也是我国从古至今农地改革变迁的主要原因(朱有志，向国成，1997)。人地比例开始紧张的封建时期是频繁调整耕地、定期重新分配耕地的开端。

李功奎(2006)认为，封建时期朝代的频繁更替所带来的土地制度变革是土地周期性分配的根本源由，也是户均和人均耕地面积逐渐减少的主要原因。我国汉朝户均耕地面积达到 80 亩左右，五代时期为 47 亩，宋朝时期为 35 亩左右，明朝为 36 亩到 66 亩不等。而我国各朝代的人均耕地面积，汉朝超过 13 亩，唐朝约为 30 亩之多，宋朝时期为 10 亩到 20 亩不等，明朝为 6 亩到 12 亩，清朝各时期呈现从 7 亩左右到少于 2 亩的减少趋势[①]。

新中国成立后，我国人均耕地面积继续减少至 1 亩左右，远远低于世界人均耕地标准，人地关系紧张程度进一步加深。尤其是人口分布较多的农村，其出生率的提高导致耕地需要周而复始地重新分配以适应人口的增长。农村人口出生、死亡以及婚嫁等方面的变动促使耕地再分配的压力始终存在。我国农村耕地最近一次大规模的周期性调整就是家庭联产承包责任制带来的以家庭为承包单位的人口平均分配。除此之外，耕地还会进行小范围的调整(如农户之间耕地的相互调整)(陈海清，1992)。这种由人口变化引起的定期收回再分配的行为导致农户拥有的耕地比例越来越小，在一定条件下促使耕地细碎化程度加剧。

---

① 郭文韬，陈仁端.中国农业经济史论纲[M].南京:河海大学出版社,1999:4.

三、个人行为成因

(一)传统均分思想

"大同均平"是我国悠久历史文化中传统思想的体现。均分思想在我国历朝历代都有体现。无论是春秋时期孔子提出的"不患寡而患不均"还是汉末时期何休描述的"同苦乐,均财力"的平等生活,无论是宋代提出的租佃制、均田制还是清朝时期主张的"天地间田,宜天地间人共享",都体现了大同的平均思想。近现代时期的革命运动也都纷纷继承了均分思想(如太平天国运动中"耕者有其田"思想、孙中山先生的平均地权等)。

而中国共产党开展的土地革命也在一定程度上秉承了传统的均分思想(郭海霞,任大鹏,2008)。新中国成立后的每一次土地制度改革也都不同程度地延续了均分思想,对耕地进行平均分配。

党的十一届三中全会后,家庭联产承包责任制的确立实质上就是平均土地思想的具体体现。在集体土地所有制的支持下,人们按照平均主义的思想对耕地进行分配,在数量上按照农户(或劳动力)平均分配,在质量上按照"好坏搭配、远近插花"的原则平均分配,并根据人地比例的变化,定期随着人口数量的变化对耕地进行回收再分配。其具体分配方式为:每个村组将地区范围内的耕地按照肥沃程度、生产能力分为上、中、下三个等级,根据平等均分原则将耕地肥瘦搭配后承包给村组农户经营,农户分配到的耕地为若干质量不同、距离不一的小地块。1985年全国性农业普查证实,生产队中平均每个承包户经营的耕地面积约为 0.6 公顷,且每个农户平均的地块数量大概是 9.2 块(李功奎,2006)。并且家庭承包制所实行的土地集体所有制对农村集体组织下的每个农户都赋予土地使用的权利。为保证农民公平享有土地使用权,随着农村人口和劳动力的变化,农地需要不断被调整和再分配,而为此所带来的承包耕地零碎不集中的问题不可避免。因此,在传统均分思想的影响下,在耕地平均分配、人口压力以及定期再分配的多重压力下,一再分割和频繁调整的行为必然引起细碎化程度的加深。

(二)农户选择性因素

农户个人选择也是细碎化存在的原因之一。农户在个人利益大于投入成本的现实条件下将细碎化作为保障选择(谭淑豪等,2003)。一是农民通过分散种植或多样化种植减少洪涝、干旱、病虫等自然灾害对农作物的破坏;二是不同作物的分散种植还能够降低市场价格波动对农户利益的影响;三是耕地细碎化为农民提供的多样化种植可以减少劳动力的集中使用,做到劳动力的合理分工。农民按照多样化种植下农作物成熟期的差异可以季节性地分配劳动力,从而使劳动力得到充分利用。总之,农民从分散风险、多样化种植以及多种经营下劳动力的充分利用中得到利益,且当其利益大于其投入成本时,农户的个人选择自然倾向于一定程度的耕地细碎化。

第二节　细碎化对耕地利用效率影响的机理分析

耕地利用效率是社会和耕地使用者在主体行为下影响耕地利用带来的相应结果。细碎化对耕地利用效率的影响是多维度的。

一、细碎化对耕地利用效率的多维影响

耕地利用效率从结构上分为经济效率、社会效率、生态效率。不同的主体对于耕地利用效率所追求的侧重点有所不同;农民对土地进行耕作,其更加注重的是耕地的经济效率;而社会、公众则更加侧重于对社会效率和生态效率的考虑。总体来说,细碎化对耕地利用效率的影响机制具有综合性和复杂性。

（一）经济效率维度

耕地作为农业最为主要的生产资料,其细碎化问题对耕地经济效率的影响直接地体现在农业生产和农民收入两个方面。

1.农业生产方面

第一,农业生产成本增加。农业生产成本是指农业生产过程中的各种投入,这种投入不仅包括例如种子、化肥、除草剂等耕种所需生产资料的投入,同时也包括劳动力、大型农机设备、生产技术以及交通运输等方面的投入。一是耕地细碎化导致生产资料购买成本增加。耕地细碎化导致农户经营规模狭小,在生产资料购买过程中不能得到更优惠的价格,生产资料的购买成本增加。二是耕地细碎化导致生产资料使用成本增加。耕地经营规模狭小,使得耕地与生产资料使用量匹配的可能性降低,或者导致使用量不足,或者导致浪费。三是耕地细碎化导致交通成本增加。在不相邻的地块

之间运输生产资料,必然导致交通成本增加。四是耕地细碎化导致农业机械投入和使用成本增加。普通的农户家庭都有购买小型农业机械,但是这些机械在大部分时间内都处于闲置状态,因此农业机械的投入和使用成本相较于大规模经营的农户没有优势。

总之,耕地细碎化及其导致的农户经营规模狭小,提高了生产成本。卜凯较早研究了我国耕地细碎化对农业生产的影响,他通过对我国 22 个省、38256 个农户家庭的调查发现,我国农业经济发展受阻的主要原因是农业经营规模过小(卜凯,1937)。而小面积农场通常增加了农业的生产成本。例如,规模较大的农场中各种生产资料(如耕具、农机、原材料、农舍等)的安排更加合理有效。王秀清和苏旭霞(2002)对山东省莱西市三个村庄的农户农业生产情况进行问卷调查发现,耕地细碎化导致机械利用成本提高,该地区的农业成本增加。谭淑豪等(2003)和 Tan 等(2010)在对江西省村户的水稻生产进行分析后发现,细碎化程度与水稻生产成本有明显的负相关性,即地区耕地越细碎,农户经营规模越小,其单位面积的水稻生产成本越高。而国外相关研究也发现,细碎化对农业生产成本具有负面影响。悉尼大学的 Hung 等(2007)对越南的两个省(河西和安沛)的农户进行实地调查发现,耕地细碎化增加了农户生产资金和劳动力的投入。其农场规模越小,农户农业生产成本越高。约旦大学的 Jabarin 和 Epplin(1994)以约旦北部小麦生产为研究目标,构建小麦生产成本与耕地面积的估计回归模型,分析发现细碎化程度的高低与小麦可变成本存在显著负相关。德克萨斯大学的 Hazarika 和 Alwang(2003)通过对马拉维地区烟农的调查得出,地块面积的大小对农业生产成本存在负面影响,地块尺寸越小,种植生产成本越高。英国东安格利亚大学 Sikor 等(2009)通过对阿尔巴尼亚耕地细碎化和弃耕的研究发现,地块尺寸与地块分布增加了生产成本,且在地块不集中的条件下农户不仅浪费时间也不能使用大型机械化生产。

第二,耕地产出减少。耕地细碎化对耕地产出也有一定的影响。耕地产出指的是耕地所生产的农作物产量。Fleisher 和 Liu(1992)在我国五个省(河南、河北、江苏、江西、吉林)随机抽查了 1200 个农户,对其从 1987 年到 1988 年的数据进行分析,结果表明,农户拥有地块数量与农作物产量之间有显著的负相关性,且地块数量每增加 10%,农作物产量下降 5.7%。澳大利亚学者 Nguyen 等(1996)对 1993 年和 1994 年山东、江西、四川、广东和吉林相同数量农户的数据进行深入研究,以玉米、小麦和水稻为研究对象得出结论:样本区地块面积对三种农作物的产出具有正向影响。换言之,地块平均面积过小所引起的耕地细碎化导致农作物产量的下降。Wan 和 Cheng (2001)运用同一时间段内我国农户调查数据进行分析发现,地块数量增长趋势与粮食产量的增长趋势相反。地块每增加一个,其粮食作物分别减少:块茎类 9.8%;小麦 6.5%;其他类 2%。同时,在细碎化不存在的前提条件下,我国农作物产量增加将超过 7000 万吨。

万广华和程恩江(1996)选取农村家庭调查数据,构建柯布-道格拉斯生产函数模型对细碎化与规模经济进行定量分析,结果表明细碎化对农作物产量有较大的负面效应,且对农业的规模经济有一定的影响。苏旭霞和王秀清(2002)同样运用生产函数模型分析细碎化和农作物产量的关系,发现农作物产量的降低与细碎化程度加剧相关,同时说明该地区粮食产量并未达到理想水平。张尹君杰和卓建伟(2008)等同样发现细碎化与规模经济和粮食产量的负相关性。

此外,国外学者也发现细碎化与农作物产量之间存在一定的关系。美国威斯康星大学的 Sherlund 等(2002)对科特迪瓦的耕地进行研究,提出耕地细碎化程度的加剧对水稻产量具有消极帮助,且说明了规模经营比分散经营更有助于提高产量。瑞典农业科学大学的 Hristov(2009)分析了马其顿菜农在高细碎化程度下的生产效率和盈利能力,发现细碎化问题是导致农作物产量和农场利润降低的消极因素。

第三,劳动力利用效率降低。耕地细碎化导致劳动时间增加。在不相邻的田块上进行劳动要不断地变换劳动地点,耗费了劳动者的劳动时间,增加了时间成本。同时,在多个不相邻的田块上劳动也会增加劳动强度和难度。谭淑豪等(2003)还发现在劳动力市场健全的条件下,消除细碎化有助于劳动力的合理分配和有效利用。Fenoaltea(1976)提到在劳动力市场不完善的前提下,耕地细碎化有效缓解了劳动力短缺的问题。Hung 等(2007)通过研究发现,耕地细碎化与劳动力利用呈显著正相关。拥有耕地块数多的农户更能运用多样化种植的季节性时间差异充分利用劳动力资源。

第四,耕地规模效率和纯技术效率降低。耕地生产效率主要包括耕地规模效率和纯技术效率。其中,耕地规模效率是指农业生产中耕地规模扩大,农作物产量的增长比例大于生产投入的增长比例。而耕地技术效率主要是指农业产出与农业生产资料(如原材料、化肥、农药等)、机械设备(如大型农机具)和灌溉系统等投入的比较。

　　耕地规模效率主要取决于耕地的规模。一般来说,高细碎程度的国家其农场规模或户均经营耕地的规模均较小。换言之,耕地细碎化程度的变化间接对耕地生产效率产生影响。Byiringiro 和 Reardon(1996)在研究卢旺达地区农场的生产效率时发现,经营规模越小的农场,其耕地生产效率和劳动力生产效率越低。加利福尼亚大学的 Helfand 和 Levine(2004)发现,农场规模增大的同时耕地生产效率并不能立刻提高,而是呈现先抑后扬的趋势。泰国亚洲理工学院的 Niroula 和 Thape(2007)运用对尼泊尔山区个人和集体的耕地使用者进行问卷调查所得的数据,以玉米和水稻为研究对象,分析细碎化对生产投入使用效率、农作物产量和耕地生产效率的影响。结果发现细碎化使得地块变小,导致耕地生产效率降低,但对农作物产量有积极影响。英国普利茅斯大学的 Sanzidur Rahman 和 Mizanur Rahman(2009)对孟加拉地区水稻生产进行调查,结果表明细碎化与耕地生产效率呈显著负相关,并通过估算得出耕地细碎化弹性值每增加 1%,水稻产量和生产效率分别降低 0.05 个和 0.03 个百分点。美国南密西西比大学的 Monchuk 等(2010)运用 C-D 生产函数,以多年生作物为研究对象,分析 2005 年到 2006 年印度农村家庭调查数据,结果发现,耕地的地块数量对生产效率有显著的负面影响。然而,南非比勒陀利亚大学的 Townsend 等(1998)发现,农场规模和生产率之间的负相关关系几乎已经成为耕地经济研究中的"程式化事实",但运用南非西开普省葡萄酒产区农场调查数据,通过数据包络分析发现,农场规模与耕地生产效率及全要素生产效率的反比关系薄弱,并没有一贯的消极影响。Bizimanal 等(2004)同样发现,卢旺达布塔雷地区在农户劳动力充足的条件下,细碎化程度的加剧并没有导致耕地生产效率的降低。印度学者 Sen(1962)发现,印度村庄中农户耕地分割得越多,耕地生产效率反而越高。Kiani(2008)随机抽取巴基斯坦的 213 名农户,运用 C-D 生产函数分析发现,农场规模对耕地生产效率的负面影响较为薄弱。结果说明拥有中等规模地块的农户生产效率最低,小农户与大农户通过剩余劳动力、充足资本的运用,充分发挥生产要素的作用,提高耕地生产效率。而中等农户的耕地并不能得到充分利用。马拉维学者 Tchale(2009)通过分析马拉维农民生产数据发现,在劳动力过剩的情况下,细碎化与耕地生产效率呈现明显的正相关。

细碎化对农业纯技术效率同样产生影响,土地经营规模过小不利于现代化和机械化农业生产技术的利用,导致农民只能选择落后的传统耕种方式。苏旭霞和王秀清(2002)认为,耕地细碎化带来生产技术效率的负面影响,导致生产水平在生产资料充分利用的前提下并未达到最优。谭淑豪等(2003)运用中国东南地区农户的调查数据,构建细碎化与生产技术效率的前沿生产函数模型与样本选择模型,结果表明样本区地块大小对农作物生产技术效率具有显著的积极影响。换言之,耕地细碎化程度越高,该地区农业技术效率越低。这种情况也解释了农户间技术使用的差异。Wadud和White(2000)对地块大小和农业技术效率的关系进行分析得出,细碎化程度低的地区农业技术效率较高。而Sherlund等(2002)在不考虑地理环境的条件下分析得出,经营规模较大的农户技术效率更高。一些学者还发现,细碎化背景下多元化种植的理性选择导致耕地不能得到适当的休耕,这在降低耕地的利用效率和生产效率的同时增加了农民劳动力、时间和生产成本的投入,且出现高细碎化耕地抛荒、闲置等现象(Haji,2007;魏程琳,2015)。

2.农民农业收入方面

农民农业收入通常指农民通过农业生产劳动所得农产品经过市场交易后的收益。农业生产是依靠自然资源再生产的过程,它是自然和人类相互配合、相互交织的经济产物,受到自然因素和市场因素两方面的风险压力。

在一些学者关注耕地生产效率、技术效率的同时,农民农业收入和耕地细碎化的关系同样引起另一些学者的重视。在缺乏保险和农业信贷的不发达地区,农业风险一旦发生,农民基本生活将不被保障。这些学者指出,在特定条件下(如劳动力过剩、在高风险农业生产地区等),细碎化对农民收入起到积极影响,认为细碎化的合理存在有助于农民规避种植风险(Heston,Kumar,1983;Blarel et al.,1992)、充分利用劳动力。伦敦政治经济学院的Falco等(2010)运用保加利亚南部普罗夫迪夫农场的调查数据,构建细碎化、多样化种植和农场收益的计量模型,分析发现细碎化具有正反两面的影响作用:耕地细碎化降低了耕地收益同时促进了作物的多样化种植,而多样化种植又对农场收益产生有利的影响。越南河内农业大学的Hung等(2007)对耕地细碎化现象较为普遍的越南进行调查发现,耕地细碎化可能对农户分散农业生产风险、劳动力季节性的充分利用有积极的影响,但其结果并不显著,而与农作物多样化种植呈现显著正相关。

我国一些学者发现,耕地细碎化在一定程度上帮助农业生产规避了自然风险和市场风险,缓解了农产品市场价格波动,保障了农民基本收入(许庆等,2007),并通过构建半对数模型分析发现,细碎化对农地收入不仅具有正面影响,也具有负面影响,同样还具有不确定性。他们发现细碎化带来的规模不经济导致耕地生产效率降低,同时对农民收入产生消极影响。而细碎化带来的多元化种植并不能被证明对农民收入具有积极影响,而是农户为减缓耕地细碎化而不得不开展多元化种植、相对提高收入的被动选择。随后,许庆等(2008)又运用农户微观调查数据,通过基于回归方程的夏普里值分解法分析发现,耕地细碎化与农民收入呈显著正相关。耕地细碎化有助于消除农民的收入差距,起到公平分配生产资料的作用,并指出仅以降低生产成本为目的的扩大耕地经营规模的行为有可能违背农民意愿,损害农民利益。李功奎(2006)以江苏省经济欠发达地区为研究区域,通过对细碎化、劳动力利用和农民收入的关系进行多元回归分析发现,在劳动力过剩的前提条件下,耕地细碎化有助于劳动力的合理分配和充分利用,并指出耕地细碎化带来的多元化种植增加了农民的纯收入。然而,一些学者认为细碎化不利于农民收入的提高。他们指出高细碎化程度的耕地利用状况增加了农民的种植难度,降低了耕地生产投入,提高了农业生产成本,从而降低了耕地的生产效率。加之耕地生产效率与农民收入呈显著正相关,因此农民收入随着耕地生产效率的降低而减少(刘涛等,2008)。细碎化耕地和小规模经营面积的农产品在市场能力(如销售渠道、产品价格等)方面也没有优势,竞争力较弱(张霞,2010)。

(二)社会效率维度

从社会角度分析发现,耕地细碎化适合我国基本国情,有利于国家和社会的稳定。我国是农业大国,农民是我国主要人口组成部分。我国之所以坚持以家庭联产承包责任制为基本农村土地制度,是因为它起到提供耕地给每个农民、保障其基本生活水平的作用。耕地是农民赖以生存的基本财产,具有基本的社会功能:就业保障、经济保障、社会保障(徐琴,2003)。而当前农地制度带来耕地细碎化基本符合我国基本国情,适应人多地少的基本矛盾(段凌燕,2013)。首先,细碎化有助于剩余劳动力的妥善安置,为农民提供就业保障。许庆(2007)指出,虽然城镇化发展下农村人口流入城市,但仍有近 3 亿农村人口没有得到妥善安置。细碎化能够让农民通过多元化种植合理安排和利用剩余农村劳动力。不同种类作物成熟时间的季节性差异促使农民合理错开劳动时间,妥善安置空闲劳动力资源(李功奎,2006)。其次,耕地细碎化有助于稳定农民的生活保障。耕地细碎化让每个农户得到一定的土地,从而得到基本的生活保障。郭万海等(2003)提出,耕地对农民基本生活保障的影响效用最大。最后,耕地细碎化还保证社会公平。细碎化的经营模式有利于缩小农民收入差距(许庆等,2008)。但是,耕地细碎化的效应是利弊共存的。虽然农民收入差距被缩小,但呈现出整体农民收益低于其他产业收益的趋势。根据前文所提到的卡尔多改进的要求,细碎化导致耕地经济效率较低,损害了整体农民收益,降低了农民的生活质量,同时也阻碍了农业发展的进程。

(三)生态效率维度

细碎化同样对耕地的生态效率产生影响。耕地是总量有限、不可再生的自然资源。伴随耕地细碎化的是田埂、沟渠、水利等农业设施的增加造成的耕地浪费和减少(王海燕,濮励杰,2011)。Zhang 等(1997)发现,我国约10%左右的耕地因细碎化加剧而遭到浪费。另外,细碎化程度的加剧同样引起化肥、农药、杀虫剂等化学物品在农业生产中的滥用。吴淼和王家铭(2012)指出,家庭式的小规模经营带来的产量提高困难、生产成本过高等问题导致农民不得不采用其他的经营策略增加收益。农户作为理性经济人,为达到生活水平维持原状并逐步改善的目的,必须保证农产品产量不下降。耕地细碎化导致耕地呈现插花状态,耕地与家禽、家畜或池塘等交错分布,导致病虫害的传播和扩散。为达到农作物产量不减产的目的,农户通常选择加大杀虫剂用量或频繁更换杀虫剂,造成病虫害抗药性、耐药性的不断增强。细碎化经营模式导致增产性、防治性和禁止性化学品的滥用。据统计,我国从家庭联产承包责任制确立到 2006 年,增产类化肥对粮食产量贡献增长一半以上,出现过度使用化肥的严重问题(王祖力,肖海峰,2008)。农民在无法改变经营模式和耕地规模的现实条件下,只能不断加大化肥使用量以达到增加农作物产量的目的。相关学者发现,我国农业化肥使用量持续攀升,从 1980 年至 2017 年增长近 5.7 倍,年使用量达到约 5859.4 吨(刘钦普,2017)。耕地平均使用强度也呈现快速增加趋势(2014 年达到 33712 公斤/公顷),远超发达国家耕地环境安全上限(225 公斤/公顷)。再次,化肥投放比例不合理,化肥利用率较低。氮肥、磷肥、钾肥是农作物生产最为重要的三种肥料。据统计,我国氮、磷、钾肥料比例为 1∶0.47∶0.21[①],钾肥投入严重不足。此外,农民为达到农作物产量提高、农业收益稳定的目的,一些高残留性、激素性、有毒有害等见效快、成本低的违禁化学品同样被投放(吴淼,王家铭,2012)。低效、过量甚至高污染化肥的使用虽暂时提高农作物产量,但对土壤有机物质产生了严重破坏,导致耕地生产能力越来越差,有些甚至出现土壤板结,而土壤中化学品的残留对农业生产环境造成严重污染。本研究于 2015 年组织的调查中就发现类似现象,农户为保证自家耕地粮食产量增加,通常都选择投放过量的农药和化肥。部分农户还有这样的感慨:"化肥比前几年投入的又多了,家家户户都是这样,不投产量上不去啊。"甚至有些农户还表示:"我家有些地都板结了,只能留着自家种菜了。"

二、细碎化影响耕地利用效率表征分析

在准则层研究耕地细碎化及其对耕地利用效率的影响,可以从以下四个准则层面进行分析。

(一)耕地利用格局

耕地利用格局是指农户所经营的耕地分类面积、权属及其分布状况。由于家庭联产承包责任制的推行,在同一区域内,各农户在耕地面积权属属性不能改变。因此,耕地细碎化直接决定了耕地利用格局,即细碎化的耕地利用。

(二)耕地利用率

耕地利用率指的是已耕种的耕地面积与耕地总面积之比。细碎化的利用格局导致以下几个问题:一是整片的耕地由于田埂或乡间小路被切割成形状、大小各不相同的若干小块,造成了耕地的浪费,降低了耕地利用率。一部分被用作田埂或小路的耕地无法再继续耕种。另外,地块数量的增加导致农业基本设施如灌溉系统等数量的增加,同样导致一部分耕地被占用而无法耕种。二是由于地块大小不一,细碎化的布局导致部分面积较为狭小的地块利用效率降低或难以耕种,甚至被弃耕,进一步造成耕地资源利用

---

① 金继运.我国肥料资源利用中存在的问题及对策建议[J].中国农技推广,2005(11):4.

率降低。

（三）耕地投入水平

细碎化对耕地投入有以下几个方面的影响：

第一，农机具投入减少。细碎化的耕地导致大型农机具的使用变得非常困难甚至不可能，必然制约农户在农机具上的投入，降低投入水平。

第二，化肥用量增多，农家肥用量减少。由于耕地利用的外部性，农户存在使用过程中的"搭便车"行为，细碎化的耕地利用格局导致农户之间的耕地地块交错比邻，农家肥的投入可能导致"肥水流入外人田"，因此，竞相增加化肥的使用量，减少农家肥的使用。

第三，农药投入，尤其是杀虫剂的使用量增加。由于农作物虫害具有迁徙性，一旦一个田块因虫害而施用杀虫剂，种植相同农作物的比邻田块必须同样施用杀虫剂，且竞相增加施用量。

第四，大型水利设施的投入减少。在细碎化的耕地利用格局下，单个农户不具备大型水利设施建设能力，也没有动力进行大型水利设施建设，而代之以低效率小型水利设施的投入。

总之，在耕地细碎化利用格局下，生产投入特征为：科技含量低、短期投入高而长期投入低、社会总投入高。

（四）耕地利用经济效益

耕地利用经济效益是耕地利用的经济利益考量，它指对耕地投入与取得的有效农产品之间的比较。所谓有效农产品是指该农产品能为经济市场所需要。

通过前面的分析可以发现，在细碎化利用格局下，每个农户都做出了对自己有利的选择，实现了个人利益的最大化或个人成本的最小化。但从社会总成本或社会净收益的角度来看，耕地利用经济效益存在以下几个方面的损失：一是耕地利用率的降低意味着产出的减少；二是耕地投入水平的高成本意味着耕地利用的经济效益降低。总之，耕地细碎化降低了耕地利用的经济能力，对耕地利用效率具有负面影响。

第三节　研究假设

由于细碎化与耕地利用效率关系复杂,本研究基于以下界定展开:一是微观层面以农户为研究对象;二是研究范围为农村劳动力有了一定程度的转移,并且细碎化较为普遍、农户扩大耕地经营规模困难、耕地利用效率低和农民的粮食种植业收入较低的粮食主产区;三是本书研究的耕地利用效率仅仅局限在生产领域,它包括纯技术效率和规模效率,通过数据包络分析法测算。

本研究将通过相关分析法、应用回归法等数理统计方法,分析细碎化与生产视角下耕地利用效率之间的关系,考察当前细碎化的耕地利用现状是否导致耕地生产能力下降和耕地利用效率降低。构建如下计量模型:

$$EFF = f(N, SI, Dt, Q, FR, AAGE, ACOST, AEDU, NRET) \quad (3\text{-}1)$$

其中,EFF 为耕地利用效率,N 为样本户家庭拥有地块数量,SI 为样本户的细碎 S 指数,Dt 为样本户地块到家距离,Q 为样本户耕地质量,FR 为样本户务农劳动力人数,$AAGE$ 为样本户务农劳动力平均年龄,$ACOST$ 为样本户农地资本投入,$AEDU$ 为样本户户主年龄,$NRET$ 为样本户人均非农收入。

通过以上计量模型,我们将验证以下假设:

假设 1:在当前整体经济环境和生产技术水平下,细碎化与耕地利用效率具有相关性;耕地细碎化对耕地利用效率产生负面影响,耕地利用效率的提高有赖于耕地细碎化程度的降低。

根据规模经济理论和土地集约利用理论,通过前文分析,本研究假定细碎化与耕地利用效率存在相关关系。本研究将运用回归法、统计比较法等数理统计分析方法,分析细碎化与耕地利用效率之间的关系,通过构建生产视角下细碎化对耕地利用效率影响的计量模型,实证分析二者之间的关系。

假设 2:农户的非农收入与耕地利用效率存在相关性。

在中国农村耕地细碎化格局下,农户的主要收入不是来源于农业,而来源于非农领域。农户把劳动投入非农领域对土地利用效率可产生正反两方面的影响:一方面,由于非农收入的增加,农户投入农业的资金来源增加,耕地利用效率提高;另一方面,由于农户把大量的劳动时间和劳动力投入非农领域,耕地利用效率降低。

第四节   本章小结

本章主要从理论角度研究了细碎化对耕地利用效率的影响,主要包括耕地细碎化的成因分析、细碎化对耕地利用效率影响的机理分析以及对研究进行假设。主要结论为:耕地细碎化的成因主要有自然成因、社会成因以及个人行为成因,其中社会成因方面又包含了制度因素、市场因素以及人口因素,个人行为方面包含了传统均分思想、农户选择性因素。在细碎化对耕地利用效率影响的机理分析中,主要从细碎化对耕地利用效率的多维影响和细碎化影响耕地利用效率的表征分析两个方面来阐释,影响维度包含了经济效率维度、社会效率维度以及生态效率维度;表征分析包含了耕地利用格局、耕地利用率、耕地利用经济效益以及耕地投入水平。

同时本章还提出了两个假设:一是在当前整体经济环境和生产技术水平下,细碎化与耕地利用效率具有相关性;耕地细碎化对耕地利用效率产生负面影响,耕地利用效率的提高有赖于耕地细碎化程度的降低。二是农户的非农收入与耕地利用效率存在相关性。

第四章 样本区调查及数据分析

根据前文的研究目的和分析框架,本研究以河南省新乡市和信阳市的粮食主产县[①]为样本区域,实证分析细碎化对耕地利用效率的影响。本章通过对农户的实地调查,从微观层面研究样本区耕地和农户基本情况,获取农户家庭情况、耕地情况、收入情况以及劳动力等农业生产情况等,并根据调查情况统计数据,为实证分析做准备。

第一节 样本区域选取与数据来源

一、抽样方式、样本量确定及样本区域选取

(一)抽样方式设计

调查采取分层三阶段随机抽样方式进行。首先把三个县所有村按照其地形划分为平原、丘陵和山区三个子类别。然后分别在每个子类别中进行三阶段抽样。第一阶段以三个子总体的所有村为抽样框,从中随机选择若干村;第二阶段以第一阶段选中的村的所有自然村组构建抽样框,从中随机选择若干自然村组;第三阶段以第二阶段选中的所有自然村组的农户为抽样框,从中随机选择若干农户,农户是最后的调查对象。

(二)样本容量的确定及分配

在分层多阶段抽样调查中,样本量的确定及在各阶段的分配是一个较为复杂的问题,其计算涉及调查问题的方差估计和精度要求、总体容量的多

---

① 粮食主产区为粮食作物和经济作物较为发达的农业区,耕地长期处于耕种状态,其细碎化较为普遍。

少、各阶段抽样误差的控制,显著性水平的设定等方面。我们这里采取通过简单随机抽样初步计算需要的样本容量,再通过估算我们采取的分层三阶段抽样设计效果系数换算得到需要的样本容量。具体步骤为:

设定估计的相对允许误差 r 为

$$r = t \frac{S(\tilde{\theta})}{\theta} \tag{4-1}$$

其中,t 为统计量,θ 为误差值,$S(\tilde{\theta})$ 为抽样标准误。

给定相对误差 r 后,样本量确定公式为

$$n_0 = \frac{t^2 S^2}{r^2 \overline{Y}^2} \tag{4-2}$$

根据总体容量调整样本容量 n 为

$$n = \frac{n_0}{1 + \frac{n_0}{N}} \tag{4-3}$$

由于总体方差 S^2 和总体均值 $\overline{Y}$ 未知,因此在利用上述公式时,必须事先对它们做出估计。实际工作中,可以通过以往对同类问题调查积累的经验来估计,也可以通过预调查来估计,或通过其他调查方法和定性分析方法获得。

对于复杂抽样设计方法,由于确定样本量的公式比较复杂,常常难于计算。在同样精度要求的条件下,简单随机抽样的样本量相对容易获得,这时可以先计算复杂抽样设计的设计效应 $deff$,然后间接推算复杂抽样设计方法所需要的样本量,即有:

$$n' = n \times deff \tag{4-4}$$

在实际正式调查中,为达到要求的精度,还需要对上面得到的样本容量除以预调查的回收率得到最后需要调查的样本量。

根据以上步骤,对于总体容量 N,我们收集了三个县的农业总人口,分别为新乡县 17.06 万人、延津县 31.98 万人、商城县 34.46 万人。按照我们预调查得到的数据,平均每户农户人口为 5 人左右,因此可以估算总体容量 $N=$ 167000 户。

多阶段抽样设计效果系数范围为 1.3~3.0[①],根据预调查估算,我们取 $deff=2$。样本量计算公式中,方差和均值是我们用来反映碎片化程度最

---

① 金勇进,杜子芳,蒋妍.抽样技术[M].4 版.北京:中国人民大学出版社,2015.

主要的统计量之一,户均耕地面积指标的方差和均值,具体值采取预调查的数据,$S^2 = 2.74$,$\bar{Y} = 4.2$,显著性水平取 0.05,所有 $t = 1.96$,估计精度要求控制在 5% 以内,即 $r = 0.05$。根据以上分析有

$$n_0 = \frac{t^2 S^2}{r^2 \bar{Y}^2} = \frac{1.96^2 \times 2.74}{0.05^2 \times 4.2^2} \approx 239 \tag{4-5}$$

$$n = \frac{n_0}{1 + \frac{n_0}{N}} \approx \frac{239}{1 + \frac{239}{167000}} \approx 239 \tag{4-6}$$

乘以我们取的设计效果系数为

$$n' = n \times deff = 239 \times 2 = 478 \tag{4-7}$$

即需要的有效样本容量为 478 个,考虑到在预调查中,有效问卷回收率为 78%,因此在最后调查中,需要调查的农户数为

$$n = 478 \div 78\% \approx 613 \tag{4-8}$$

(三)样本区域选取

根据研究方案设计,本研究首先选取河南省为样本区,选取平原、丘陵、山区三个区域,选取新乡市、信阳市两个样本市,新乡县、延津县和商城县为三个样本县。新乡县、延津县属于新乡市,地处黄河中下游,地形总体为平原地区,其平原面积占全市总面积的 78%。两个样本县耕地土层深厚、土壤肥沃,是我国重要的商品粮和优质小麦生长基地。粮食种植面积约 60.2 万公顷,小麦种植面积占粮食种植面积一半以上。商城县隶属于信阳市,位于淮河上游,是水稻、小麦等粮食作物的主要产区。信阳市地处河南省最南边,地势南高北低,西部和南部由桐柏山、大别山贯穿构成豫南山地。中部为丘陵地带,位于豫南山地以北,耕地多数以梯田分布,是主要的粮食生产基地。北部为平原和洼地,主要分布于淮河两岸,占全市总面积的 24.6%。本研究三种样本县分别代表三种不同的地理特征,其中新乡县、延津县为平原,商城县为丘陵和山区[①]。

其次,本研究按照地形分类分别选取样本乡或样本村,每个地形选取 $3\sim4$ 个村,每个村选取 $2\sim3$ 个组。而选择依据主要是农作物生产情况、人

---

① 商城县地处大别山北麓,地势由南向北逐级降低,形成中低山、低山丘陵、丘陵垄岗三大地形。全县地形海拔差距 1539.5 米,最高处为 1584.0 米,最低处海拔仅 44.5 米。本研究考虑到调查方便,选取商城县中丘陵和山地两个地形区的村组作为研究样本,符合本研究的要求。

均收入和人均耕地等。

再次,随机抽取样本户。本研究预先设计在抽取的每个样本组中选取 30 个样本户,但是由于调查过程中存在部分农户外出务工或外出务农、村组人数各有差异的情况,因此,本研究采取随机调查访问的方式,每个组选择 20 个以上样本户进行调查,但各村组抽取的样本户之间存在差异①。

最后,基于以上样本选取,本研究最后确定的样本区域为:2 个地级市、3 个县、11 个样本村、25 个样本村组。

本研究开展于 2015 年 3 月至 8 月,历时近 6 个月,克服了天气、交通、语言、文化习俗等困难,分别到 2 个地级市、11 个样本村深入体验,实地走访调查,共抽取 613 个随机样本户,取得有效样本 505 个,有效样本容量优于设计容量,问卷有效率为 77.7%。

二、调研对象界定与问卷设计

本研究选择河南省粮食作物和经济作物较为发达的粮食主产县作为研究区域②。样本采取多级抽样和随机抽样综合选取,首先根据多级抽样方法选择县、村、组,再按照随机抽样方法选取样本户。

本研究旨在分析细碎化对耕地利用效率的影响。我国农业除少数为林牧渔业专业农户外,大多数农户以种植业为主要经营方向,林牧渔业为兼业。因此,本研究以主营种植业的农户为研究对象,不考虑经营林牧渔业的农户。

我国土地根据用途、性状等差异可归并为多个类别。《中华人民共和国土地管理法》按照用途将土地分为农用地、建设用地和未利用地。根据《土地利用现状分类》(GB/T 21010-2007),"农用地,又称农业生产用地,主要分为耕地、林地、园地、牧草地、其他设施农用地(包括畜禽饲养地、设施农业用地、农村道路、坑塘水面、养殖水面、可调整养殖水面、农田水利用地、田坎、晒谷场等)"(陈百明,周小萍,2007)。为了使问题更加明确,研究指向更加单一,本研究样本对象设定为从事种植业为主的农户,其经营的耕地为种植粮食作物或经济作物,且常年耕种的土地,不包括果林、果园、茶园等土

---

① 在实地调查中,受外出务工或务农人员较多、公路不通、天气恶劣等多方面因素的影响,大介山村、庄岩村、朱围孜村和卜店村部分样本村组选取的样本户少于 20 户。

② 粮食作物和经济作物较为发达的农业区的耕地长期处于耕种状态,其细碎化较为普遍,提取的数据更加全面、准确,也更具有代表性。

地,同时也不考虑林地、牧草地以及家庭菜园等。

根据以上研究对象和研究范围的界定,本研究以农户和村为主要调查对象,并根据研究目标和内容设计了两套调查问卷:样本户问卷调查表和样本村问卷调查表。其中,样本户问卷调查表调查内容涵盖了农户家庭及家庭成员基本信息,包括性别、年龄、文化水平、就业情况、务农时间、外出打工时间、打工年收入等;耕地基本情况,包括耕地分配情况、耕地租赁情况、地块相关信息;农业产出情况,包括地块种植作物种类(如玉米、小麦、水稻、花生等)、中间投入(如化肥、除草剂、杀虫剂、机械、灌溉、人工等)、地块产出情况、作物收益情况;农户劳动力投入使用状况,包括农忙时间、农忙天数、雇工情况等。本研究在实地问卷调查中已排除耕地外的农地,即不包括农户林地、园地、草地及家庭菜园,因此在统计数据中并不包括除耕地外的农用地的数据。

样本村问卷调查表主要包括样本村基本情况(如农户数量、地理位置等)、耕地基本情况、农业生产基本情况。

三、调研实施

由于本研究的样本区域为河南省农业较为发达但经济较为落后的农村地区,大部分文化水平较高的青壮年劳动力都外出务工,其调查对象多为文化水平较低的妇女、儿童和老人。因此为保证调查质量,获取较为全面可靠的调查信息,本研究大部分采用面对面访谈的调查方式。小部分村组问卷调查表采用电话访谈的调查方式[①]。

第二节　数据的描述性统计

根据研究内容和目的,本研究的调查范围是耕地细碎化现象较为普遍的农业地区。也就是说,符合本研究调查方案的是粮食作物和经济作物种植业较为发达、耕地长期处于耕种状态的农业发达地区。新乡县、延津县和商城县3个样本县符合以上条件,且都是农业较为发达的大县。加之3个样本县的地理特征

[①]　本研究以面对面访谈为主要调查方式,但由于个别样本村的村支部书记有事外出或工作繁忙,部分村组问卷调查表由调查员电话访谈完成。

各不相同,且各样本组距离较远,确保了样本的差异性。调查样本区分布如表4-1所示。其中,大介山村、任庄村和胡村为平原地貌;南寨村、李集村、何楼村、朱围孜村为丘陵地貌;卜店村、峡口村、余围孜村和韩楼村为山地地貌。

表 4-1   调查样本区分布

地形区域	样本市	样本县(镇)	样本村	样本组	样本户/个
平原	新乡市	新乡县	大介山村	大介山村二队一组	33
				大介山村三队二组	30
			任庄村	任庄村一队二组	33
				任庄村二队一组	35
		延津县	胡村	胡村三队一组	30
				胡村五队二组	30
丘陵	信阳市	商城县	南寨村	长岗组	26
				南山庄组	23
			李集村	李集组	25
				黄坪塘组	27
			何楼村	何楼组	28
				河西组	28
			朱围孜村	饮马池组	13
				叶上家组	20
山区			卜店村	汤湾组	12
				二里庙组	10
				兰草洼组	10
				何大庄组	11
				胡纸鹏组	16
				张湾组	12
			峡口村	石板组	24
				大门坎组	30
			余围孜村	汤岗孜组	20
				蒋志坊组	26

地形区域	样本市	样本县（镇）	样本村	样本组	样本户/个
				瓦房组	19
			韩楼村	土门组	23
				草房组	19
合计					613

一、样本村数据统计分析

（一）样本村情况

实地调查的 11 个样本村有 161 个村民小组,6551 户农户,共计 24839 人。在调查区内,外出务工的农村劳动力大部分为劳动能力较强的青壮年劳动力,从事农业生产的大多数为老人和妇女。因此,在调查区内主要劳动力的劳动能力较弱。这些劳动力不仅要进行农业生产劳动,还要兼顾照顾孩子或打理家庭的责任。而有些老人由于年龄过大不得不延后农业生产时间,导致出现部分农作物误耕、误收的现象,对农业生产和耕地利用效率产生影响。其中外出务工人数约占总劳动力 68.3%,外出务工劳动力比例最高的村达到 89.4%,而最低的也达到 54.2%。由此可知,近 7 成农村劳动力从事非农工作,部分劳动力存在农闲时期兼业现象,而另一部分则全年外出务工,农村劳动力已开始部分转移。样本村调查基本情况如表 4-2 所示。

表 4-2 样本村调查基本情况

样本村	村民小组数/个	农户数/个	人口数/人	农村劳动力/人	外出务工劳动力/人	外出务工劳动力比例/%
大介山村	8	580	2700	1285	696	54.2
任庄村	14	1300	6126	1207	756	62.6
胡村	8	362	1520	538	443	82.3
南寨村	16	420	1720	1062	620	58.4
李集村	16	610	2380	1356	876	64.6

续　表

样本村	村民小组数/个	农户数/个	人口数/人	农村劳动力/人	外出务工劳动力/人	外出务工劳动力比例/%
何楼村	16	586	2426	1346	950	70.6
朱围孜村	15	496	1965	830	620	74.7
卜店村	16	520	2060	806	587	72.8
峡口村	15	535	2250	850	760	89.4
余围孜村	18	612	2354	968	672	69.4
韩楼村	19	530	2300	689	489	71.0
合计	161	6551	27801	10937	7469	68.3

如图 4-1 所示,11 个样本村的农民人均纯收入为 5527.27 元,其中农业人均纯收入[①]为 947.09 元,占人均纯收入的 17.13%,且每个样本村收入比例各不相同。农业纯收入占比最高的为 40.00%,最低的仅为 6.57%。

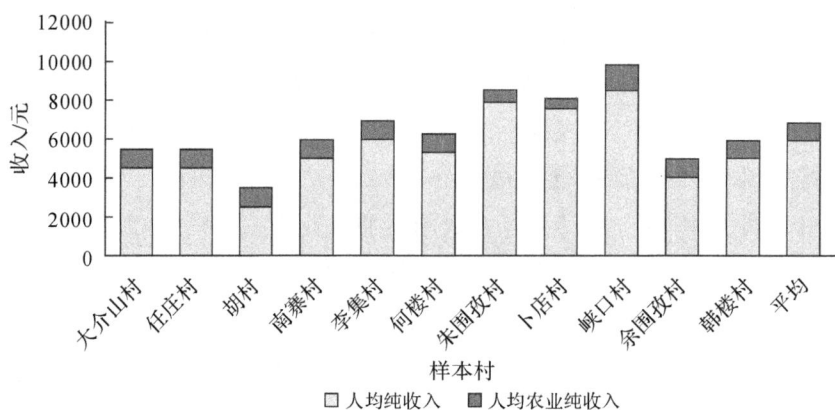

图 4-1　样本村农民收入情况

(二)样本村区位分析

如表 4-3 所示,11 个样本村通往县城或乡镇的公路状况为:有 5 个样本村为水泥路,3 个样本村为沙石路,2 个样本村为柏油路,仅有 1 个样本村为土路。李集村到最近县城距离最远,胡村最近。朱围孜村到最近乡镇距离最远,余围孜村最近。样本村到相邻县城的平均距离约为 20.0 公里,其中

---

① 农业人均纯收入为 2014 年样本区农户种植物所得收益,不包括其他经营性收益。

最远的距离为 26.2 公里,最近的距离为 12.4 公里;到最近乡镇的平均距离约为 4.1 公里,最远的距离为 6.9 公里,而最近的距离仅为 1.0 公里。

表 4-3　样本村交通情况

样本村	地理坐标	到最近县城距离/公里	到最近乡镇距离/公里	公路类型
大介山村	东经 113°97′,北纬 35°24′	14.2	5.1	柏油路
任庄村	东经 113°96′,北纬 35°23′	13.4	3.2	柏油路
胡村	东经 114°22′,北纬 35°24′	12.4	2.0	沙石路
南寨村	东经 115°58′,北纬 31°93′	25.0	4.0	沙石路
李集村	东经 115°54′,北纬 31°95′	26.2	5.5	沙石路
何楼村	东经 115°54′,北纬 31°93′	23.8	3.3	水泥路
朱围孜村	东经 115°57′,北纬 31°91′	23.3	6.9	水泥路
卜店村	东经 115°57′,北纬 31°90′	21.0	3.5	水泥路
峡口村	东经 115°67′,北纬 31°90′	17.6	3.5	水泥路
余围孜村	东经 115°53′,北纬 31°91′	21.5	1.0	水泥路
韩楼村	东经 115°57′,北纬 31°88′	21.9	6.1	土路

由表 4-3 可知,样本村道路状况都较好,到县城或乡镇的距离较近。农民通常选用电动三轮车、摩托车、面包车等常用交通工具去市场日常采购或进行农产品交易。良好的交通状况便于农产品的采购和运输,同时也便于大型农业机械(如播种机、收割机、秧苗机等)的使用。

(三)样本村耕地情况

实地调查的 11 个样本村的耕地总面积为 24839 亩,耕地一般呈环形或 U 形分布,也有个别样本村呈现散点式分布,其中旱田面积为 8480 亩,水田面积为 16359 亩,旱田与水田比例约为 3.4∶6.6。样本村耕地平均分为 10 片,其中丘陵地带耕地分为 5~17 片不等,山地地带的耕地达到 20 片以上,而平原地带的耕地则只有 1~3 片。样本村耕地地块面积相差较大,地块面积最大的达 100 亩,而地块最小的仅有 0.1 亩。而地块面积相差较大是由于一部分农户承包耕地进行大规模种植。样本村耕地基本情况如表 4-4 所示。

表4-4　样本村耕地情况

样本村	耕地总面积/亩	图斑/片	单块最大面积/亩	单块最小面积/亩
大介山村	1700	1	100	0.1
任庄村	5100	3	10	1.0
胡村	1680	3	8	0.7
南寨村	1898	6	8	0.1
李集村	2380	7	4	0.5
何楼村	2627	5	6	0.5
朱围孜村	2100	17	12	0.1
卜店村	1729	8	10	0.1
峡口村	1855	20	7	0.1
余围孜村	2200	20	12	0.2
韩楼村	1570	22	5	0.3

（四）样本村农作物种植情况

在11个样本村中，夏收作物主要有小麦、水稻，而秋收作物主要有玉米、花生。不同地区的样本村种植农作物的种类各不相同。其中，平原地带的大介山村、任庄村和胡村以小麦和玉米为主要粮食作物，少数农民种植花生；而丘陵地带和山地地带的样本村则以一季水稻及少量小麦为主要粮食作物，其中种植小麦的为何楼村。

二、样本户数据统计分析

（一）样本户家庭情况

在505个有效样本户中，家庭规模最小的为1人，最大的为11人。在调查区中，样本户中常见的家庭规模是3～6人；家庭人口仅有1人或2人的一般是分家所致，且这些较小规模的家庭的成员年龄一般较大；而3人或4人规模的家庭一般为有孩子的三口或四口之家，大部分家庭是从原有大家庭分家而组成的新家庭；而7人以上的大家庭一般是父母与子女尚未进行分家而组成的多代家庭。从表4-5可知，被调查样本村中家庭人口数量为4人的家庭规模在505个样本户中占比最大（24.6%），其次是3人（18.2%）、5人（16.8%）和6人（16.0%）。

表 4-5　样本户家庭情况

调查项目	类别	样本户数量/个	比重/%
家庭人数	1 人	21	4.2
	2 人	65	12.9
	3 人	92	18.2
	4 人	124	24.6
	5 人	85	16.8
	6 人	81	16.0
	≥7 人	37	7.3
	合　计	505	100.0
家庭人均受教育年限	≤6 年	77	15.2
	7~9 年	312	61.8
	10~12 年	107	21.2
	13~16 年	9	1.8
	>16 年	0	0.0
	合　计	505	100.0

实地调查的 505 个样本户整体文化水平偏低,其中样本户中没接受过教育或仅接受过小学教育的多为年龄较大的家庭成员,而接受高中、本科及以上教育的家庭成员多数为青壮年。从样本户人均受教育年限[①]可知,大多数被调查样本户的人均受教育时间为 7~9 年,占全部样本户的 61.8%。人均受教育年限在 6 年及以下的样本户占 15.2%;10~12 年的占 21.2%;13~16 年的仅占 1.8%;没有一个样本户的人均教育时间在 16 年以上。

(二)样本户户主情况

在 505 个样本户中,户主性别为男性的占样本户总数的 97.8%,仅有 2.2% 的样本户家庭户主为女性,其一般原因是丧偶或离异。

从样本户家庭户主的年龄情况发现,样本户家庭的户主多数为外出打工或不在家的青壮年或中年户主,仅有部分年龄较大的户主在家务农或休

---

① 样本户受教育年限按照文化水平划分:小学或小学以下(6 年及以下)、初中水平(6~9 年)、高中水平(9~12 年)、本科水平(12~16 年)、硕士水平(19 年)、博士(19 年以上)。

息。其中,户主的平均年龄为 55 岁。户主年龄在 41~70 岁的占样本户总数的 80.0%。41~50 岁的户主最多,占样本户总数的 39.8%。70 岁以上的户主数量较少,占比 11.3%。而 20~40 岁的户主最少,仅占样本户总数的 8.7%(见表 4-6)。总体可知,样本户家庭的户主多为中年人。

表 4-6 样本户户主情况

调查项目	类别	样本户数量/个	比重/%
性别	男	494	97.8
	女	11	2.2
	合计	505	100.0
年龄	20~30 岁	11	2.2
	31~40 岁	33	6.5
	41~50 岁	201	39.8
	51~60 岁	102	20.2
	61~70 岁	101	20.0
	>70 岁	57	11.3
	合计	505	100.0
受教育程度	未上学	90	17.8
	小学	254	50.3
	初中	139	27.5
	高中	21	4.2
	本科	1	0.2
	硕士	0	0.0
	博士	0	0.0
	合计	505	100.0

从样本户户主受教育情况可知,样本户家庭的户主文化水平普通偏低。样本户户主平均受教育年限为 6.99 年,大部分户主为小学学历。完全没有接受过文化教育的户主占样本户总数的 17.8%,具有小学学历的户主占样本总数的 50.3%;具有初中学历的户主占样本户总数的 27.5%;而具有高中学历和本科学历的户主仅占样本户总数的 4.2% 和 0.2%。

(三)样本户劳动力情况

如表 4-7 所示,从样本户家庭拥有的劳动力数量可以看出,样本户家庭平均拥有 3.35 个劳动力。除 11 个样本户家庭没有劳动力外[①],样本户家庭最多拥有 10 个劳动力,最少拥有 1 个劳动力。样本户家庭劳动力[②]数量主要在 2～4 个,分别占样本户的 23.1%、31.5% 和 24.7%。样本户家庭劳动力数量在 5 个及以上的占样本户总数的 15.1%,而样本数家庭劳动力数量仅有 1 个和没有的分别占 3.4% 和 2.2%。在 505 个样本户中,有 83.0% 的样本户家庭有外出务工的家庭成员,仅有 17.0% 的样本户家庭的劳动力全部从事农业生产活动。

表 4-7 样本户劳动力基本情况

调查项目	类别	样本户数量/个	比重/%
劳动力数量	0 个	11	2.2
	1 个	17	3.4
	2 个	117	23.1
	3 个	159	31.5
	4 个	125	24.7
	5 个	61	12.1
	>5 个	15	3.0
	合计	505	100.0
是否外出务工	是	419	83.0
	否	86	17.0
	合计	505	100.0

从农户务农劳动力[③]的年龄分布来看,样本户务农劳动力的人均年龄为 52 岁。从表 4-8 可知,务农劳动力年龄段主要集中在 41～70 岁,其中年龄最小的务农劳动者为 21 岁,年龄最大的为 78 岁。务农劳动者数量最多的年龄段是 41～50 岁,占样本户总数的 41.8%。其次是 51～70 岁的务农

---

① 样本户家庭没有劳动力的原因有家庭成员年龄较大、耕地已出租等。

② 本研究统计的家庭劳动力是指年龄在 18 周岁及以上参加农业生产经营活动或外出务工、获得实质上收入的人员,其中包括 18～60 周岁经常参加生产劳动的常用劳动力,同时也包括 18 周岁以下或 60 周岁以上经常参加生产劳动的人员,但不包括上学、参军或已退休在家偶尔参加或不参加生产劳动的人员。

③ 务农劳动力是指投入农业生产经营的劳动力,即从事农业生产劳动 6 个月以上的劳动力,抑或是虽然转移出村外出务工,但从事农业生产活动仍在 6 个月以上的。

劳动力,共占 41.8%。20～30 岁以及 70 岁以上的务农劳动力数量最少,分别占 1.4% 和 4.5%。

表 4-8　样本户劳动力年龄分布

调查项目	类别	样本户数量/个	比重/%
务农劳动力人均年龄分布	20～30 岁	7	1.4
	31～40 岁	53	10.5
	41～50 岁	211	41.8
	51～60 岁	109	21.6
	61～70 岁	102	20.2
	>70 岁	23	4.5
	合计	505	100.0
务工劳动力人均年龄分布	18～20 岁	13	2.6
	21～30 岁	150	29.7
	31～40 岁	271	53.6
	41～50 岁	60	11.9
	51～60 岁	7	1.4
	61～70 岁	4	0.8
	合计	505	100.0

从样本户务工劳动力年龄情况来看,样本户务工劳动力平均年龄为 33 岁,样本户家庭中务农劳动力多为中老年人。由表 4-8 可知,务工劳动力年龄多在 21～40 岁,占样本户总数的 83.3%;51～70 岁的务工劳动力数量较少,仅占 2.2%;41～50 岁的务工劳动力占 11.9%。样本户家庭中处于青壮年的劳动力多数在外务工或不在家的结论进一步得到证实。本研究在实地调查中发现从事农业生产活动的劳动力多和中老年人的普遍现象。

从样本户务工情况可知,样本户家庭中外出务工劳动力较多,务农劳动力人数较少,家庭劳动力分配倾向于外出务工而非从事农业生产。

劳动力兼业较多的样本户多数存在务农劳动力年龄较大或务农劳动力数量不够的情况,而务农劳动力较为充足或劳动力质量较好的样本户兼业劳动力的占比较低。从表 4-9 可知,样本户家庭中平均外出务工劳动力比例达 56.8%。各个样本村中样本户务工劳动力占比有所差异,占比最高的为 69.9%，最低的为 20.6%。而样本户家庭中平均务农劳动力比例是 43.2%，最高的占 79.4%，最低的占 30.1%。被调查样本户劳动力存在兼业现象的占样本总数的 42.4%，其中农业兼业户占比最高的样本村为 62.2%，而最低的为 14.9%。

表 4-9 样本户劳动力分配 单位：%

样本村	务农劳动力占比	务工劳动力占比	兼业劳动力占比[①]
大介山村	44.1	55.9	32.0
任庄村	51.3	48.7	44.0
胡村	79.4	20.6	14.9
南寨村	47.1	52.9	22.8
李集村	38.8	61.2	42.2
何楼村	36.5	63.5	48.3
朱围孜村	34.4	65.6	62.2
卜店村	37.4	62.6	49.2
峡口村	37.4	62.6	59.3
余围孜村	38.8	61.2	50.0
韩楼村	30.1	69.9	41.1
均值	43.2	56.8	42.4

（四）样本户收入和支出情况

505 个样本户的家庭主要收入来源是外出务工、自主经营和农业生产经营。由表 4-10 可知，仅有 20.2% 的样本户的家庭收入完全依靠农业生产经营，而 79.8% 的样本户家庭收入依靠非农业生产获得。其中，64.9% 的样本户依靠在样本村附近打工或外出打工获取家庭收入，13.3% 的样本户通过自主经营获取收入，1.6% 的样本户依靠政府补助生活，这些样本户通常是较为困难且家庭成员年龄较大的贫困户。

---

① 兼业劳动力占比为样本户家庭中存在兼业劳动力农户的占比。

表 4-10　样本户家庭主要收入与支出

调查项目	类别	样本户数量/个	比重/%
家庭主要收入来源	外出务工收入	328	64.9
	自主经营收入	67	13.3
	农业生产经营收入	102	20.2
	政府补助	8	1.6
	合计	505	100.0
家庭主要支出	子女教育	201	39.8
	医疗支出	93	18.4
	房屋修建	48	9.5
	日常花销	20	4.0
	农业生产投入	143	28.3
	合计	505	100.0

　　样本户家庭的主要支出集中在子女教育和农业生产投入上，以此为主要支出项的占样本户总数的 68.1%；18.4% 的样本户家庭主要支出为医疗支出，选择房屋修建和日常花销为主要支出项的样本户占比较小，分别为 9.5% 和 4.0%。实地走访时发现，多数样本户家庭出现"外出挣钱、回家盖房"的现象，但房屋修建后鲜有人居住或仅有年迈的父母居住。部分样本户家庭修建房屋主要是为了体现经济实力而非真正需要。

　　505 个样本户的人均年纯收入为 6558.73 元，人均年农业纯收入为 902.51 元。从人均农业纯收入看，61.8% 的样本户家庭人均农业纯收入少于 1000 元，其中 21.8% 的样本户人均农业纯收入在 500 元以下，19.8% 的样本户家庭人均农业纯收入在 1000～<1500 元，7.7% 的样本户家庭人均农业纯收入在 1500～<2000 元，样本户家庭人均农业纯收入在 2000 元及以上的仅占 3.0%。

　　由表 4-11 可知，样本户整体收入较低且差距较大，实地调查的样本户中有 76.5% 的样本户人均年纯收入少于 10000 元。其中，24.1% 的样本户人均年纯收入在 2000 元以下；13.5% 的样本户在 2000～<4000 元，13.7% 在 4000～<6000 元，人均年纯收入在 6000～<8000 元和 8000～<10000 元的样本户分别占 13.1% 和 12.1%，仅有 23.5% 的样本户家庭人均年纯收入在 10000 元及以上。

表 4-11　样本户人均年收入情况

调查项目	类别	样本户数量/个	比重/%
人均农业纯收入	<500 元	110	21.8
	500~1000 元	202	40.0
	1000~1500 元	100	19.8
	1500~<2000 元	39	7.7
	≥2000 元	54	10.7
	合计	505	100.0
人均年纯收入	<2000 元	122	24.1
	2000~<4000 元	68	13.5
	4000~<6000 元	69	13.7
	6000~<8000 元	66	13.1
	8000~<10000 元	61	12.1
	≥10000 元	119	23.5
	合计	505	100.0

（五）样本户耕地情况

2014 年,实地调查的 505 个样本户家庭总体来说家庭拥有耕地面积较小,耕地质量属中等水平。505 个样本户家庭拥有耕地面积共计 2067.25 亩(不包括当年出租、转出、闲置或弃耕的耕地面积),其中旱田面积占总耕地面积的 19.2%。样本户家庭中拥有耕地最多的为 12.3 亩,最少的仅有 0.4 亩。户均耕地面积为 4.02 亩,劳均耕地面积为 1.16 亩,人均耕地面积为 0.92 亩。

从表 4-12 可知,样本户家庭拥有耕地面积大多在 1~5 亩,占样本户总数的 72.1%。样本户家庭拥有耕地面积在 1 亩以下和 9 亩以上的最少,仅占样本户总数的 2.2% 和 1.2%。耕地面积在 6~7 亩的占 20.2%,8~9 亩的仅占 4.3%。

从样本户整体耕地质量看,505 个样本户家庭中户均耕地质量等级为 2.25。样本户的耕地质量等级主要集中在 1.5~<2.0,大部分属于中等偏上的耕地等级,占样本户总数的 74.9%。拥有优等质量(1.0~<1.5)耕地的样本户家庭较少,仅占 10.7%。拥有中等偏下质量

(2.0~<2.5)耕地的占 14.4%。505 个样本户家庭没有拥有平均质量为下等耕地的农户(见表 4-12)。

表 4-12　样本户耕地情况

调查项目	类别	样本户数量/个	比重/%
耕地面积	<1 亩	11	2.2
	1~3 亩	151	29.9
	4~5 亩	213	42.2
	6~7 亩	102	20.2
	8~9 亩	22	4.3
	>9 亩	6	1.2
	合计	505	100.0
耕地质量①	1.0~<1.5	54	10.7
	1.5~<2.0	378	74.9
	2.0~<2.5	73	14.4
	2.5~<3.0	0	0.0
	合计	505	100.0

第三节　本章小结

本章详细地解释了调查样本区和调查方式的选取,并在此基础上对实地调查的样本村和样本户的基本情况进行分析,具体结论如下:

第一,农户经营的耕地普遍存在分散、插花现象。不管是平原、丘陵还是山区,都存在这种现象,只是平原的情况略好于丘陵和山区。

第二,农村劳动力转移趋势明显。样本户从事农业生产经营活动的劳动力多为老人或妇女,青壮年劳动力通常外出务工或不在家。实地调查的

① 耕地质量分为好、中、差三个等级,其中 1 代表优等耕地,2 代表中等耕地,3 代表差等耕地。本书所指的耕地质量为样本户所有耕地质量的平均值。由于调查区农户并不清楚家庭所拥有耕地的质量标准,因此本书并未采用国家耕地标准对样本区耕地质量进行评判,仅采用农户较为通俗易懂的三个等级进行划分。

505 个样本户中兼业现象较为普遍,但也有部分样本户家庭的劳动力常年在外务工不再返乡,样本区农村劳动力逐渐转移。

第三,农业经营性收入退居次要,务工收入占主要地位。505 个样本户的家庭收入水平较低,普遍低于全国农民人均收入水平 17131 元。农业经营收入仍是样本户家庭收入的来源之一,但外出务工已是样本户家庭最主要收入来源。

第四,农业生产投入支出仍占主要地位。农业生产投入、子女教育和医疗支出是样本户家庭的主要支出。

第五,耕地规模较小。样本区农户经营的耕地面积较小,户均耕地面积为 4.02 亩,劳均耕地面积为 1.16 亩,人均耕地面积为 0.92 亩。绝大多数农户经营的耕地规模在 7 亩以下,且 74.3% 的农户所耕种的耕地面积小于5 亩。地貌对耕地经营规模影响较大。

第五章　耕地细碎化与耕地利用效率测度

为了实证分析细碎化对耕地利用效率的影响，本章将对耕地细碎化和耕地利用效率分别进行评测，分析样本区耕地细碎化程度以及耕地利用效率水平。

第一节　耕地细碎化测度

根据对耕地细碎化常用测度方法的分析，本研究选用样本户家庭拥有耕地的地块数量、地块面积、地块到农户家的距离以及细碎 S 指数对样本区不同地区和不同地形区域的耕地细碎化程度分别进行评测。本节对样本区、样本市、样本县和样本村耕地细碎化程度进行测度，旨在测量样本各尺度耕地细碎化程度，多角度评价耕地细碎化程度，调查耕地细碎化现状。

一、样本总体耕地细碎化测度

本研究问卷调查抽取样本总体容量 505 个，即 505 个农户，耕地细碎化程度有以下几个方面的特征：

第一，户均块数普遍偏多。505 个样本户家庭中，农户拥有地块数量最少的为 1 块，最多的为 18 块，户均地块数量为 4.078 块。由表 5-1 可知，一半以上的农户拥有 2～4 块耕地；26.2％的农户拥有 5～7 块耕地；拥有 8 块及以上耕地的农户占 8.3％；而拥有 1 块耕地的农户仅占样本户总数的8.7％。总体而言，农户拥有的地块数量主要集中在 2～7 块。

第二，家庭经营的耕地块均耕地面积较小。绝大部分块均耕地面积在2 亩以下，而拥有 3 亩及以上块均耕地面积的样本户占比不到 5％。从对样本户家庭经营耕地的块均耕地面积统计可知，样本户的块均耕地面积为1.25 亩。农户经营耕地的块均耕地面积主要在 0.5～＜2 亩，占样本户总数的约 90％;农户经营耕地块均耕地面积在 2～＜3 亩的占 5.5％;农户经营耕地块均耕地面积在 3～＜4 亩的占 1.6％;农户经营耕地的块均耕地面积在 0.5 亩以下和 5 亩及以上的分别占样本户总数的 9.1％和 1.0％(见表 5-1)。

表 5-1　样本区耕地细碎化测度结果(一)

调查项目	类别	样本户数量/个	比重/%
地块数量	1 块	44	8.7
	2～4 块	287	56.8
	5～7 块	132	26.2
	8～10 块	37	7.3
	＞10 块	5	1.0
家庭块均耕地面积①	＜0.5 亩	46	9.1
	0.5～＜1 亩	201	39.8
	1～＜2 亩	207	41.0
	2～＜3 亩	28	5.5
	3～＜4 亩	8	1.6
	4～＜5 亩	10	2.0
	≥5 亩	5	1.0

第三,样本区绝大部分地块面积主要在 2 亩以下,且随着地块面积的逐渐增大,其地块数量呈现明显减少趋势。从样本区地块整体来看,实地调查的 505 个样本户家庭经营的耕地地块共有 2066 块,地块面积最小的为 0.1 亩,地块面积最大的为 7.0 亩。从表 5-2 中可以看出,9 成以上的地块面积在 2 亩以下。其中,27.5％的地块面积在 0.5 亩以下;36.2％的地块面积在 0.5～＜1 亩;30.1％的地块在 1～＜2 亩;4.6％的地块面积在 2～＜3 亩;地块面积在 3～＜4 亩和 4～＜5 亩的占比为 0.9％和 0.5％;而地块面积在 5 亩及以上的仅占 0.3％(见表 5-2)。图 5-1 至图 5-4 分别展示了样本区耕地地块数量、样本区家庭块均耕地面积、样本区耕地地块面积、样本区地块到家距离的分布。

———————————

① 家庭块均耕地面积为以样本户为单位的每户块均耕地面积。家庭块均耕地面积＝样本户耕地面积/样本户地块数量。

表5-2　样本区耕地细碎化测度结果(二)

调查项目	类别	地块数量/块	比重/%
样本区地块面积①	<0.5亩	569	27.5
	0.5~<1亩	747	36.2
	1~<2亩	621	30.1
	2~<3亩	95	4.6
	3~<4亩	18	0.9
	4~<5亩	10	0.5
	≥5亩	6	0.3
到家距离②	<200米	297	14.4
	200~<400米	673	32.6
	400~<600米	491	23.8
	600~<800米	195	9.4
	800~<1000米	118	5.7
	1000~<2000米	287	13.9
	≥2000米	5	0.2

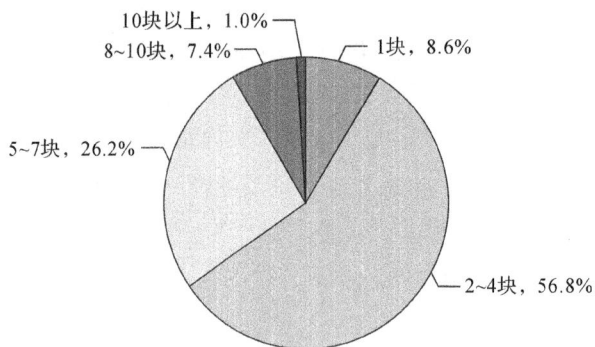

图5-1　样本区耕地地块数量分布

① 样本区地块面积指的是以地块为单位的每个田块的面积。
② 到家距离是指从农户家到每个地块的距离,该距离为农户平时从家到地块的常用路线所测算的距离。

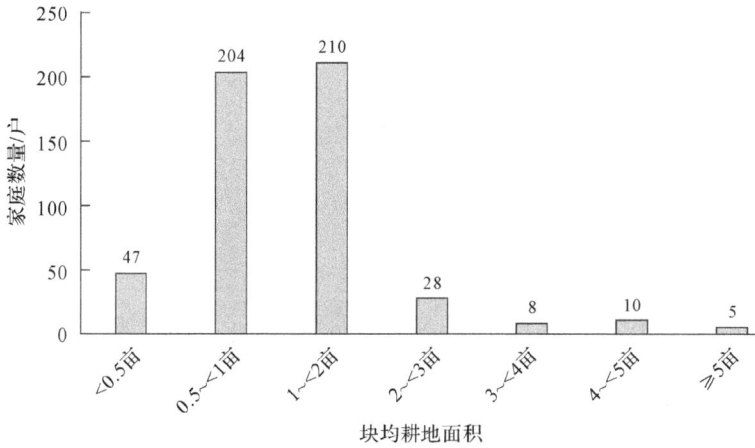

图 5-2　样本区家庭块均耕地面积分布

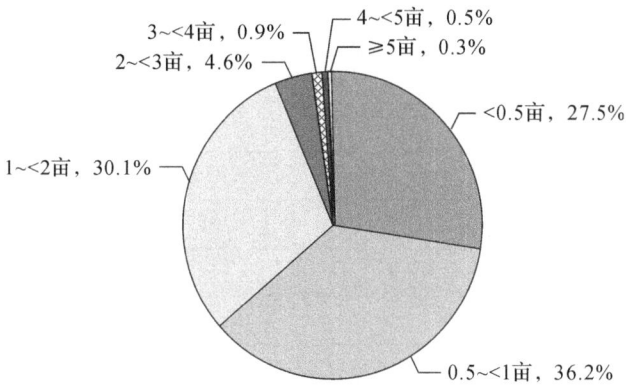

图 5-3　样本区耕地地块面积分布

第四,从细碎 S 指数来看,细碎化耕地所占比例较大。样本区的平均细碎 S 指数为 0.355,样本户所拥有的耕地普遍较为细碎,且高细碎化耕地的所占比例较大,样本区农地细碎化现象较为严重。从测度样本户耕地细碎化程度的细碎 S 指数来看,7 成以上的样本户耕地细碎化程度较高。如表 5-3 和图 5-5 所示,53.9% 的样本户家庭拥有耕地的细碎 S 指数在 $>0.2\sim0.4$;17.4% 的样本户的细碎 S 指数在 $>0.4\sim0.6$;仅有 11.1% 的样本户家庭的细碎 S 指数在 0.6 以上;且 17.6% 的样本户家庭的细碎 S 指数在 $>0\sim0.2$。

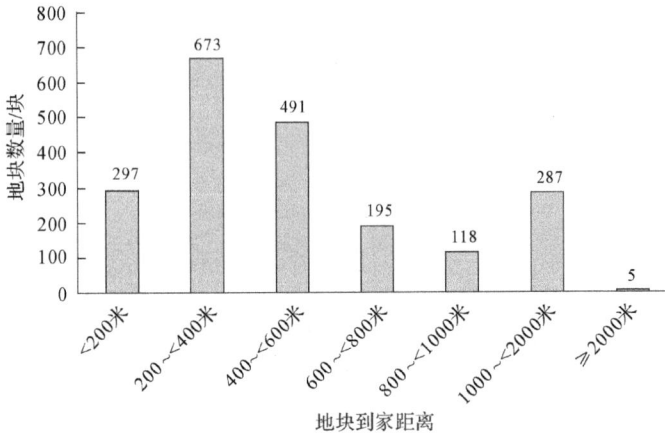

图 5-4 样本区耕地地块到家距离分布

表 5-3 样本区耕地细碎化测度结果(三)

调查项目	类别	地块数量/块	比重/%
细碎 S 指数①	>0~0.2	89	17.6
	>0.2~0.4	272	53.9
	>0.4~0.6	88	17.4
	>0.6~0.8	14	2.8
	>0.8~1.0	42	8.3

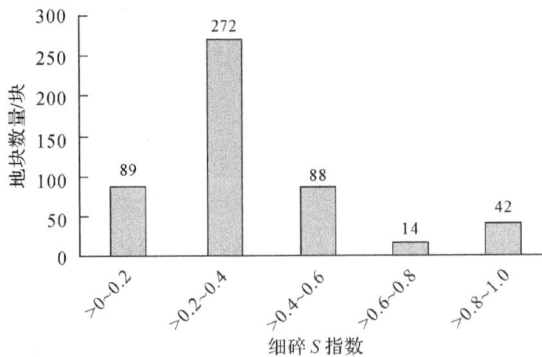

图 5-5 样本区耕地细碎 S 指数

_____

① 细碎 S 指数是衡量耕地细碎化程度的主要测度指标之一,其具体的计算方法见本书第 5 页。

第五，从样本区耕地基本情况来说，耕地面积普遍较小且较为零碎，被弃耕或闲置的耕地通常是由于地块面积较小、地块质量较差、地块到家距离过远或劳动力不足。农户出租自家耕地主要是因为家中所有劳动力外出务工或家庭成员年龄较大已无劳动能力，且这些农户家庭经营的耕地规模通常较小。由表 5-4 可知，人均耕地面积和块均耕地面积较小，仅仅在 1 亩左右；样本户平均耕地面积为 4.02 亩，每户平均拥有超过 4 块的耕地地块。2014 年，被调查的样本区有 2.5% 的地块被弃耕或闲置，而有 5.4% 的样本户将所属耕地出租给其他农户耕种。

表 5-4　样本区耕地基本情况

人均 耕地面 积/亩	家庭户均 耕地面 积/亩	块均 耕地面 积/亩	户均 地块块 数/块	人均 耕地面 积/亩	地块 弃耕率①	转租率②
0.96 亩	4.02	1.25	4.078	0.99	2.5%	5.4%

二、耕地细碎化分区测度与比较

调查样本户按照地形地貌特征可以分为平原区、丘陵区和山区三个区域，没有高原和盆地样本户。耕地细碎化表现为以下几个特征：

第一，从户均地块数来看，丘陵区最多，山区其次，平原最少。三个地形区域的样本户所经营耕地地块数主要集中在 2～4 块，平原区样本户大部分拥有较少耕地地块数量，丘陵区和山区样本户大部分拥有较多地块数量。由表 5-5 和图 5-6 可知，平原区样本户中所经营耕地地块数为 2～4 块的占比最大（72.3%）；平原区拥有一整块耕地的样本户数量占比在三种地形区域中最大，为 25.5%。丘陵区和山区拥有一整块耕地的样本户仅占 3.3% 和 6.3%；丘陵区和山区均有超过 4 成的样本户经营耕地地块数在 5 块以上，且 2.4% 丘陵区的样本户拥有超过 10 块的耕地。

---

　　①　地块弃耕率是指当年被弃耕或闲置、未耕种农作物的耕地块数与样本区地块总数之比，即地块弃耕率＝弃耕地块/样本区地块总数。

　　②　转租率是指当年将耕地出租给其他农户的样本户与样本户总数之比，即转租率＝转租样本户/样本户总数。

表 5-5　户均块数分地形区域比较

地形区域	户均块数均值/块	1块占比	2~4块占比	5~7块占比	8~10块占比	10块以上占比
平原区	2.34	25.5%	72.3%	1.1%	1.1%	0.0%
丘陵区	4.59	3.3%	55.2%	31.0%	8.1%	2.4%
山区	4.38	6.3%	51.4%	32.7%	9.6%	0.0%

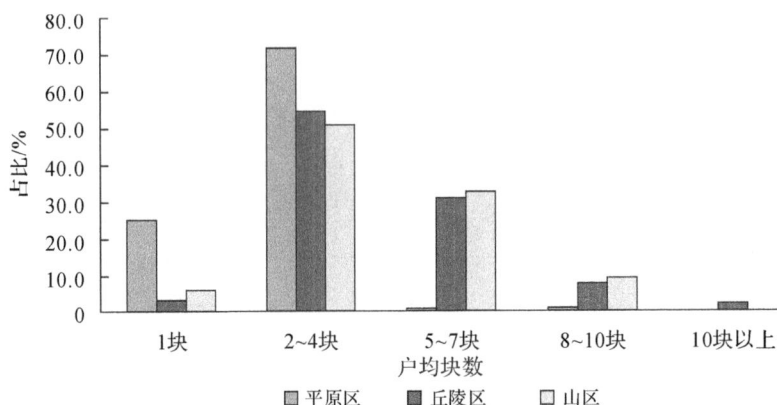

图 5-6　户均块数分地形区域比较

第二，从地块面积分布来看，山区最小，丘陵其次，平原最大。从表 5-6和图 5-7可知，三个区域的地块面积主要集中在 2 亩以下，其中丘陵区和山区 9 成以上的地块面积都小于 2 亩。具体来说，平原区地块面积分布较为平均，地块面积在 0.5 亩以下和 3~<4 亩的占比较少，分别为 7.2%和 6.3%；而地块面积在 4~<5 亩和 5 亩及以上的占比都是 2.7%。丘陵区地块面积在 0.5 亩以下的占 26.1%，面积在 2~<3 亩和 3~4 亩两个区间的分别占 3.8%和 0.4%；而丘陵区地块没有面积在 4 亩以上的。山区绝大部分的地块面积在 2 亩以内，其中有 34.1%的地块面积小于 0.5 亩，而地块面积大于 2 亩的仅占 1.9%。

表 5-6　户均块均面积分地形区域比较

地形区域	块均面积均值/亩	<0.5 亩占比	0.5~<1 亩占比	1~<2 亩占比	2~<3 亩占比	3~4 亩占比	4~<5 亩占比	≥5 亩占比
平原区	2.38	7.2%	23.9%	36.9%	20.3%	6.3%	2.7%	2.7%

续　表

地形区域	块均面积均值/亩	<0.5亩占比	0.5~<1亩占比	1~<2亩占比	2~<3亩占比	3~4亩占比	4~<5亩占比	≥5亩占比
丘陵区	1.13	26.1%	32.8%	36.8%	3.8%	0.4%	0.0%	0.0%
山区	0.92	34.1%	42.7%	21.3%	1.2%	0.3%	0.4%	0.0%

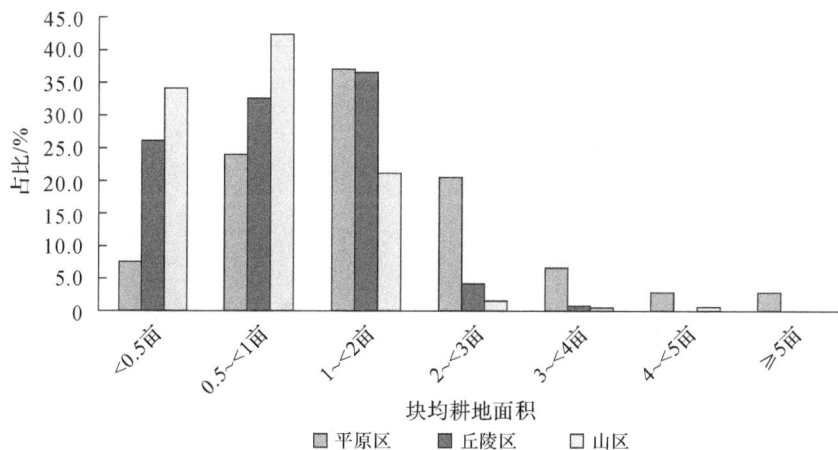

图 5-7　户均块均面积分地形区域比较

由此可知,平原地区地势较为平坦,耕地呈片状整体分布,农户拥有耕地地块数量较少但面积较大。而丘陵区和山区大部分地势较为崎岖,耕地分布较为零散,农户拥有耕地地块数量较多但面积较小。

第三,从地块到家距离来看,丘陵最小,山区其次,平原最大。三个区域的地块到家距离相差较小,地块基本分布在农户住宅附近,且各个距离段的地块比例较为平均。由表 5-7 和图 5-8 可知,平原区地块到家距离主要在 200~<2000 米,其中距离在 200~<400 米和 400~<600 米的地块最多,分别占 25.7% 和 33.3%;距离在 200 米以内和 2000 米及以上的地块较少,分别占 4.5% 和 2.3%。丘陵区有 80.4% 的地块到家距离在 800 米以内,其中 200 米以内的占 21.7%。81.9% 的山区样本户拥有地块到家距离在 800 米以内,其中到家距离在 200~<600 米的占地块总数的 5 成以上,而距离在 2000 米及以上的地块较少,占 0.8%。总体来说,三个样本区域地块多数分布在村庄周围,离农户住宅距离相对较近。

表 5-7　户均地块到家距离分地形区域比较

地形区域	距离均值/米	<200 米占比	200~<400 米占比	400~<600 米占比	600~<800 米占比	800~<1000 米占比	1000~<2000 米占比	≥2000 米占比
平原区	688.15	4.5%	25.7%	33.3%	8.6%	11.3%	14.4%	2.3%
丘陵区	515.24	21.7%	37.5%	15.5%	5.7%	6.0%	13.6%	0.0%
山区	625.37	9.2%	29.2%	29.9%	13.6%	4.1%	13.3%	0.8%

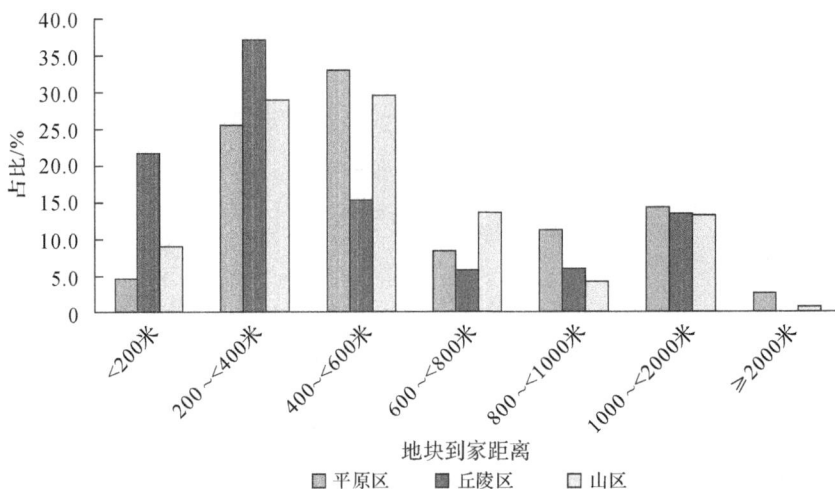

图 5-8　户均地块到家距离分地形区域比较

第四,从细碎 S 指数来看,山区最小,丘陵其次,平原最大。换言之,山区细碎化程度最高,丘陵其次,平原细碎化程度最低。由表 5-8 和图 5-9 可知,三个地形区域的细碎 S 指数都较小,样本区耕地均较为细碎。平原区的耕地细碎程度低于丘陵区和山区。丘陵区和山区 9 成以上农户的细碎 S 指数低于 0.6,分别有 19.6% 和 23.2% 的农户的细碎 S 指数在 >0~0.2;农户 S 指数在 >0.2~0.4 的较多,分别占样本户总数的 63.2% 和 53.6%;而农户的细碎 S 指数在 >0.6~1.0 的仅占 3.9% 和 6.8%。在平原区,农户的细碎 S 指数主要集中在 0.2~0.4 和 0.4~0.6 两个区间,分别占 34% 和 28.7%;36.1% 的农户的细碎 S 指数在 0.6 以上,其中有 25.5% 的农户的细碎 S 指数在 0.8~1.0。

总体而言,三个地形区域耕地细碎化程度较高,其中山区和丘陵区地块的细碎化程度受地形影响高于平原区。

表 5-8　细碎 S 指数分地形区域比较

地形区域	指数均值	>0~0.2 占比	>0.2~0.4 占比	>0.4~0.6 占比	>0.6~0.8 占比	>0.8~1.0 占比
平原区	0.593	1.1%	34.0%	28.7%	10.6%	25.5%
丘陵区	0.310	19.6%	63.2%	13.2%	1.0%	2.9%
山区	0.309	23.2%	53.6%	16.4%	1.0%	5.8%

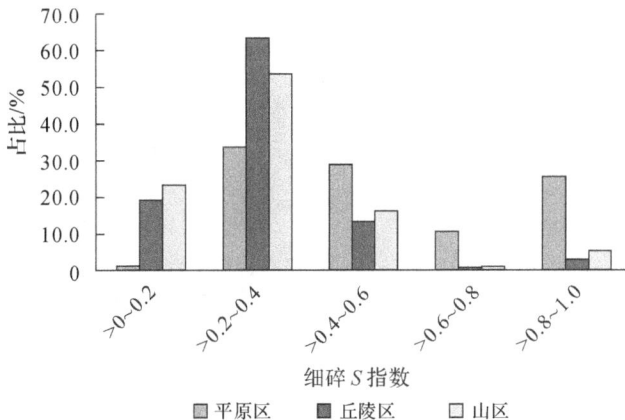

图 5-9　细碎 S 指数分地形区域比较

第五,按区域分别对细碎化程度进行测度,结果如表 5-9 所示:首先,三个区域人均耕地面积和户均耕地面积较为接近,其中山区的人均耕地面积和户均耕地面积最小,分别为 0.81 亩和 3.46 亩;丘陵区的人均耕地面积和户均耕地面积最大,分别为 1.12 亩和 4.31 亩。其次,平原区样本户拥有的耕地块数较少(2.34 块),块均耕地面积较大(1.96 亩);而丘陵区和山区耕地较为零碎,块均耕地面积较为狭小。再次,平原区地块弃耕或闲置的比例较大,占 5.8%,丘陵区和山区地块弃耕率较低,分别占 0.8% 和 1.0%。最后,丘陵区和山区的样本户出租耕地的较多,分别占该区域样本户的 1.6% 和 1.2%。

表 5-9　各地形区域耕地细碎化基本情况

地形区域	人均耕地面积/亩	家庭户均耕地面积/亩	块均耕地面积/亩	家庭户均地块数/块	地块弃耕率	转租率
平原区	0.84	4.18	1.96	2.34	5.8%	0.4%
丘陵区	1.12	4.31	0.97	4.58	0.8%	1.6%
山区	0.81	3.46	0.80	4.36	1.0%	1.2%

三、样本市耕地细碎化测度与比较

第一,从户均块数分布来看,信阳市块数最多。新乡市和信阳市的样本户所经营耕地地块块数主要集中在 2～4 块,新乡市样本户大部分拥有的耕地地块数量较少,信阳市样本户大部分拥有地块数量较多。其中,新乡市样本户拥有耕地地块数量最多的为 8 块,而信阳市最多的为 18 块。由表 5-10 和图 5-10 可知,新乡市样本户所经营耕地地块块数在 2～4 块占比最大(72.3%);且拥有整块土地的样本户最多,占25.5%。而信阳市拥有整块耕地的样本户仅占总样本户的 4.3%;且有超过 4 成的样本户经营耕地地块块数超过 5 块以上,有 2.4% 的样本户拥有超过 10 块的耕地。

表 5-10　样本市户均块数比较

样本市	均值/块	1 块占比	2～4 块占比	5～7 块占比	8～10 块占比	10 块以上占比
新乡市	2.34	25.5%	72.3%	1.1%	1.1%	0.0%
信阳市	4.48	4.3%	52.6%	32.0%	8.7%	2.4%

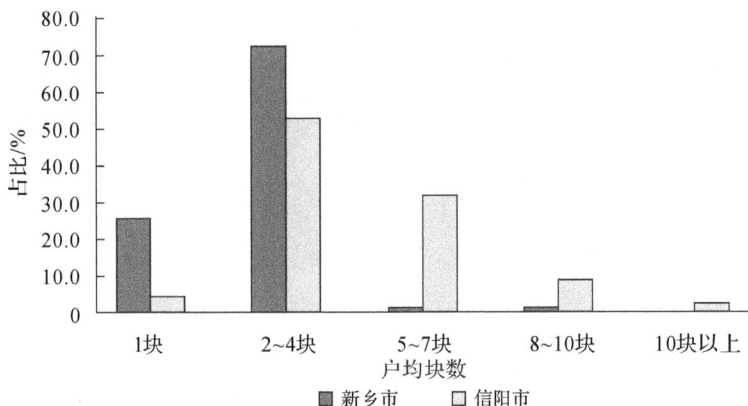

图 5-10　样本市户均块数比较

第二,从户均块均面积来看,新乡市块均面积大于信阳市。由表5-11和图 5-11 可知,两个市的地块面积主要在 2 亩以下,其中信阳市 9成以上的地块面积都小于 2 亩。具体来说,新乡市地块面积分布较为平均,地块面积在 0.5 亩以下和 3 亩以上的占比较小,其中 5 亩及以上的占 2.7%;新乡市样本户中地块面积最大的为 7 亩,最小的为 0.25

亩。信阳市地块面积基本集中在 2 亩以内,其中面积在 0.5 亩以下的占
23.4%;面积在 2~<3 亩和 3~<4 亩两个区间的分别占 4.0% 和
0.5%;其中信阳市地块面积最大的为 3.7 亩,最小的为 0.1 亩;信阳市
没有样本户拥有 4 亩以上的耕地。

表 5-11　样本市户均块均面积比较

样本市	块均面积均值/亩	<0.5亩占比	0.5~<1亩占比	1~<2亩占比	2~<3亩占比	3~<4亩占比	4~<5亩占比	≥5亩占比
新乡市	2.38	7.2%	23.9%	36.9%	20.3%	6.3%	2.7%	2.7%
信阳市	1.02	23.4%	33.2%	38.9%	4.0%	0.5%	0.0%	0.0%

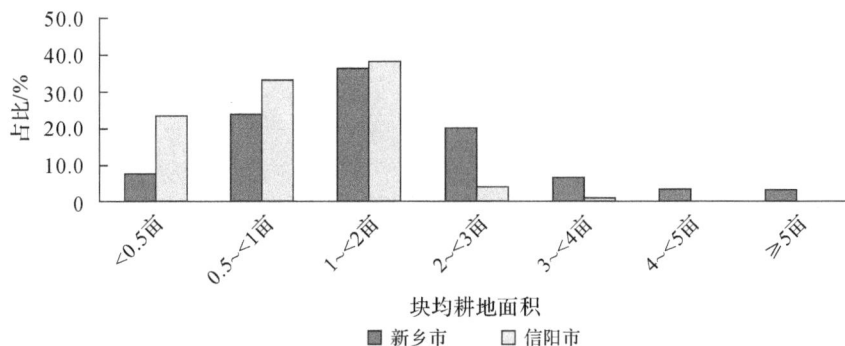

图 5-11　样本市户均块均面积比较

由此可知,新乡市地处平原,地势较为平坦,耕地呈片状整体分布,
农户拥有耕地地块数量较少但面积较大。而信阳市地处大别山脉,大
部分地势较为崎岖,耕地分布较为零散,农户拥有耕地地块数量较多但
面积较小。

第三,从户均地块到家平均距离来看,新乡市大于信阳市。两个市样本
户的地块到家距离相差较小,地块基本分布在农户住宅附近。从表 5-12 和
图 5-12 可知,新乡市地块到家距离大部分在 2000 米以内,其中距离在
200~<400米和400~<600米的地块最多,分别占 25.7%和33.3%;200
米以内和 2000 米以外的地块较少,分别占 4.5%和2.3%。信阳市有
89.7%的地块到家距离在 200~<800 米。总体来说,两个样本市的住宅基
本建造在耕地附近,地块离农户住宅距离相对较近。

表 5-12　样本市户均地块到家平均距离比较

样本市	距离均值/米	<200米占比	200~<400米占比	400~<600米占比	600~<800米占比	800~<1000米占比	1000~<2000米占比	≥2000米占比
新乡市	688.15	4.5%	25.7%	33.3%	8.6%	11.3%	14.4%	2.3%
信阳市	570.71	1.0%	18.3%	44.0%	27.4%	6.1%	2.7%	0.5%

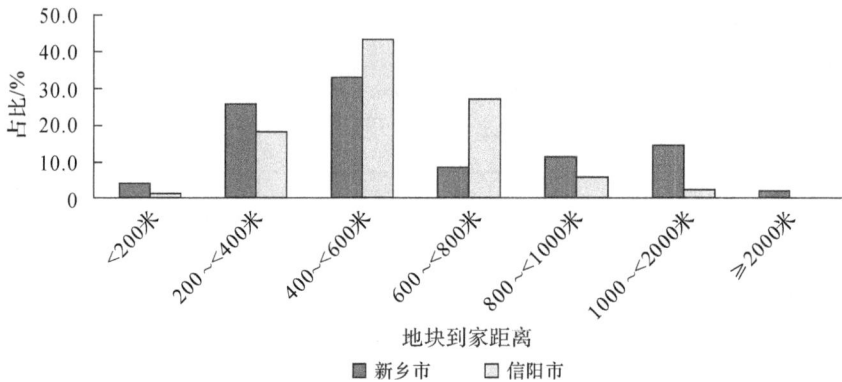

图 5-12　样本市户均地块到家平均距离比较

第四,从细碎 S 指数来看,信阳市耕地细碎化程度更高。两个样本市的细碎 S 指数都较小,耕地的细碎化程度大部分较高。由表 5-13 和图 5-13 可知,新乡市的耕地细碎化程度低于信阳市,细碎 S 指数分布较为平均。其中,细碎 S 指数在>0.2~0.4 和>0.4~0.6 的分别占 34.0% 和 28.7%;25.5% 的样本户耕地细碎化程度较低。而信阳市 95% 以上农户的细碎 S 指数低于 0.6;样本户耕地细碎 S 指数在>0~0.2 和>0.2~0.4 的较多,分别占样本户总数的 22.3% 和 60.7%;细碎 S 指数在>0.6~1.0 的仅占 4.1%。可以得出,耕地细碎化程度受地形影响较大,地处平原地区的耕地明显比丘陵和山区的耕地细碎化程度小。

表 5-13　样本市细碎 S 指数比较

样本市	指数均值	>0~0.2 占比	>0.2~0.4 占比	>0.4~0.6 占比	>0.6~0.8 占比	>0.8~1.0 占比
新乡市	0.59	1.1%	34.0%	28.7%	10.6%	25.5%
信阳市	0.33	22.3%	60.7%	12.9%	0.8%	3.3%

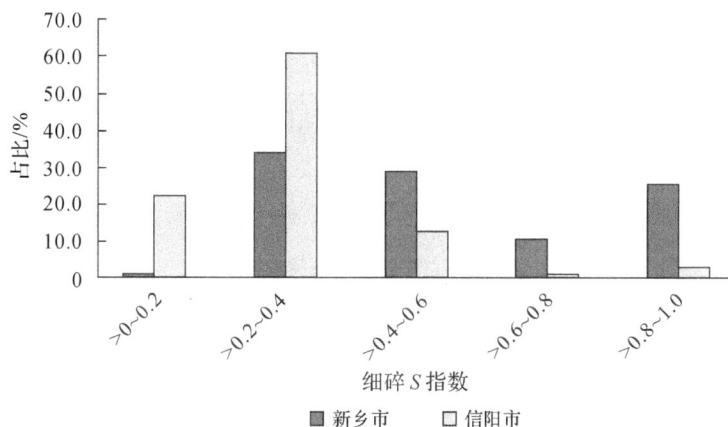

图 5-13 样本市细碎 S 指数比较

第五,样本市耕地细碎化基本情况测度结果如表 5-14 所示:首先,两个市人均耕地面积和户均耕地面积较小,其中信阳市的人均耕地面积和户均耕地面积最小,分别为 0.72 亩和 4.00 亩;而新乡市的人均耕地面积和家庭户均耕地面积相对较大。其次,新乡市的家庭户均地块块数较少(2.34 块)且块均耕地面积较大(1.96 亩)。再次,新乡市地块弃耕或闲置的比例较大,占 5.8%,信阳市的地块弃耕率较低,为 0.2%。最后,信阳市的样本户出租耕地的现象较多,占该区域样本户的 1.6%。

表 5-14 样本市耕地细碎化基本情况

样本市	人均耕地面积/亩	家庭户均耕地面积/亩	块均耕地面积/亩	家庭户均地块块数/块	地块弃耕率/%	转租率/%
新乡市	0.84	4.18	1.96	2.34	5.8	0.4
信阳市	0.72	4.00	0.89	4.48	0.2	1.6

四、样本县耕地细碎化测度与比较

第一,从户均块数分布来看,商城县最多,新乡县次之,延津县最少。三个样本县所经营的耕地地块块数主要集中在 2~4 块,新乡县和延津县样本户拥有的耕地地块数量大部分较少,商城县样本户拥有地块数量大部分较多。其中,新乡县和延津县的样本户拥有地块数量最多的分别为 8 块和 4 块,商城县的样本户拥有地块数量最多的为 18 块。

由表 5-15 和图 5-14 可知,新乡县样本户所经营耕地地块块数在 2~4 块的占比最大(72.7%),延津县的占比略小(72.1%)。超 2 成新乡县与延津县的样本户所经营的耕地为一整块。而商城县拥有整块耕地的样本户仅占总样本户的 4.4%;40% 以上的样本户经营耕地地块数超过 5 块,且 1.2% 的样本户拥有超过 10 块的耕地。

表 5-15　样本县户均块数比较

样本县	均值/块	1 块占比	2~4 块占比	5~7 块占比	8~10 块占比	10 以上占比
新乡县	2.39	21.2%	72.7%	3.0%	3.0%	0.0%
延津县	2.31	27.9%	72.1%	0.0%	0.0%	0.0%
商城县	4.48	4.4%	53.3%	32.4%	8.8%	1.2%

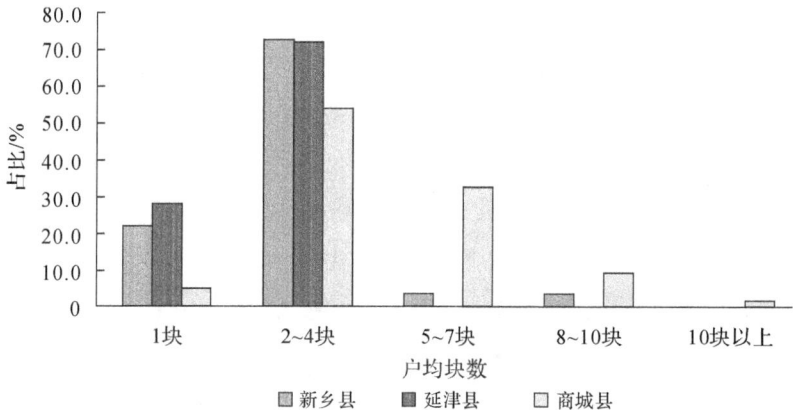

图 5-14　样本县户均块数比较

第二,从户均块均面积来看,延津县最大,新乡县次之,商城县最小。由表 5-16 和图 5-15 可知,样本县的地块面积主要在 3 亩以下,地块面积大部分较小。具体来说,新乡县地块面积分布较为平均,地块面积在 0.5 亩以下和 3 亩以上的占比较少,地块面积均在 4 亩以内,其中地块面积最大的为 4 亩,最小的为 0.25 亩。延津县样本户中地块面积最大的为 7 亩,最小的为 0.4 亩;9 成以上的耕地地块面积在 4 亩以下,而 4 亩以上的占 8.6%。商城县地块面积最大的为 3.7 亩,最小的地块面积为 0.1 亩,没有 4 亩以上的耕地地块;商城县的耕地地块面积基本集中在 2 亩以内,其中面积在 0.5 亩以下的占 23.4%;面积在 2~<3 亩和 3~<4 亩两个区间的分别占 4.0% 和 0.5%。

表 5-16 样本县户均块均面积比较

样本县	块均面积均值/亩	<0.5亩占比	0.5~<1亩占比	1~<2亩占比	2~<3亩占比	3~<4亩占比	4~<5亩占比	≥5亩占比
新乡县	1.99	11.1%	25.9%	35.8%	22.2%	4.9%	0.0%	0.0%
延津县	2.59	5.0%	22.7%	37.6%	19.1%	7.1%	4.3%	4.3%
商城县	1.02	23.4%	33.2%	38.9%	4.0%	0.5%	0.0%	0.0%

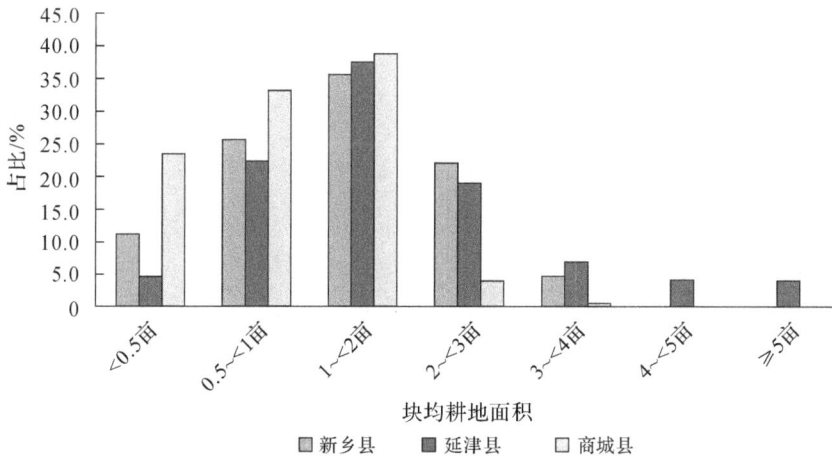

图 5-15 样本县户均块均面积比较

第三,从户均地块到家平均距离来看,新乡县最远,商城县次之,延津县最近。三个样本县的地块到家距离相差较小,地块基本分布在农户住宅附近,其中地块到家距离最远的为 2500 米(新乡县),最近的为 50 米(商城县)。由表 5-17 和图 5-16 可知,新乡县地块到家距离大部分在 2000 米以内,其中距离在 400~<600 米和 1000~<2000 米的地块最多,分别占 38.3%和 29.6%;200 米以内的地块较少,占 1.2%。延津县地块到家距离大部分在 1000 米以内,其中地块到家距离在 200~<400 米和 400~<600 米的地块最多,分别占 33.3%和 30.5%;200 米以内和 1000~<2000 米的占比较少,分别占 6.4%和 5.7%。商城县地块到家平均距离分布较为均匀,其中有 45.5%的地块到家距离在 200~<800 米,其中 200 米以内的占 27.5%。

表 5-17　样本县户均地块到家平均距离比较

样本县	距离均值/米	<200米占比	200～<400米占比	400～<600米占比	600～<800米占比	800～<1000米占比	1000～<2000米占比	≥2000米占比
新乡县	900.33	1.2%	12.3%	38.3%	4.9%	7.4%	29.6%	6.2%
延津县	573.36	6.4%	33.3%	30.5%	10.6%	13.5%	5.7%	0.0%
商城县	570.71	27.5%	17.6%	21.8%	6.1%	11.7%	15.3%	0.0%

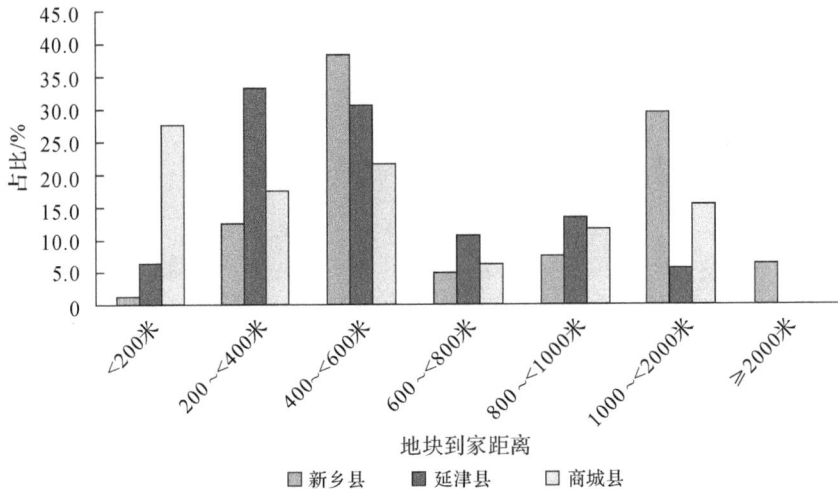

图 5-16　样本县户均地块到家平均距离比较

　　第四,从细碎 S 指数来看,商城县最小,新乡县和延津县较大。换言之,商城县细碎化程度较新乡县和延津县更高。总体而言,三个样本县的细碎 S 指数都较小,耕地的细碎化程度大部分较高。商城县的耕地细碎程度高于新乡县和延津县,90%以上的细碎 S 指数值小于 0.6。从表 5-18 和图 5-17可知,商城县细碎 S 指数在 0.6 以内的达 95.9%,其中>0～0.2 和>0.2～0.4 的分别占 22.3%和 60.7%;仅有 3.3%的样本户没有耕地细碎化的问题。新乡县和延津县细碎 S 指数分布集中在>0.2～0.8,占比分别为73.3%和70.5%;这两个县近 3 成的样本户的耕地地块数量为 1,没有细碎化问题。而商城县 95%以上农户的细碎 S 指数低于 0.6;样本户耕地细碎S 指数在>0～0.2和>0.2～0.4 的较多,分别占样本户总数的 22.3%和60.7%;而样本户的细碎 S 指数在>0.6～1.0 的仅占 4.1%。可以得出,耕地细碎化程度受地形影响较大,平原地区耕地细碎化程度比丘陵和山区耕地细碎化程度低。

表 5-18　样本县细碎 S 指数比较

样本县	指数均值	>0~0.2 占比	>0.2~0.4 占比	>0.4~0.6 占比	>0.6~0.8 占比	>0.8~1.0 占比
新乡县	0.59	1.1%	34.0%	28.7%	10.6%	25.5%
延津县	0.59	0.0%	37.7%	29.5%	3.3%	29.5%
商城县	0.33	22.3%	60.7%	12.9%	0.8%	3.3%

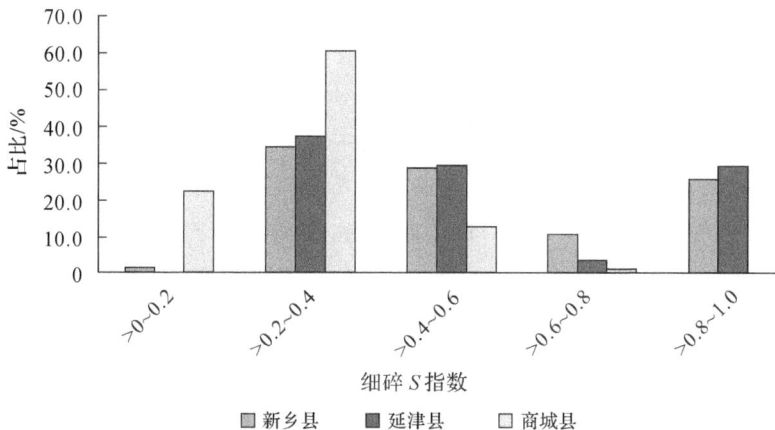

图 5-17　样本县细碎 S 指数比较

　　第五,样本县细碎化程度基本测度结果如表 5-19 所示。三个样本县人均耕地面积和户均耕地面积较小,其中商城县的人均耕地面积和户均耕地面积最小,分别为 0.72 亩和 2.94 亩;而新乡县和延津县的人均耕地面积和家庭户均耕地面积相对较大,其中延津县人均耕地面积最大(1.47 亩),新乡县户均耕地面积最大(7.47 亩)。新乡县和延津县的家庭户均地块数较多(分别为 5.74 块和 6.18 块),且块均耕地面积较大(分别为 1.30 亩和 0.79 亩)。而商城县的家庭户均地块数和块均耕地面积均较小。另外,新乡县地块弃耕或闲置的比例较大,占 10.0%;商城县的地块弃耕率较低,为 0.2%;延津县没有弃耕地块。延津县的样本户出租耕地的现象较多,占该区域样本户的 2.4%。可以得出,地块弃耕率和转租率过高可能是由农村劳动力开始转移、务农劳动力不足造成的。

表 5-19 样本县耕地细碎化基本情况

样本县	人均耕地面积/亩	家庭户均耕地面积/亩	块均耕地面积/亩	家庭户均地块块数/块	地块弃耕率	转租率
新乡县	1.26	7.47	1.30	5.74	10.0%	1.2%
延津县	1.47	4.88	0.79	6.18	0.0%	2.4%
商城县	0.72	2.94	0.68	4.31	0.2%	1.4%

五、样本村耕地细碎化测度与比较

第一,从户均块数来看,峡口村最多(6.29 块),任庄村最少(2.17 块)。11 个样本村的耕地地块块数分布主要集中在 2～7 块,样本村耕地地块块数相对较多。由表 5-20 可知,一是大介山村、任庄村、胡村、南寨村、何楼村、余围孜村和韩楼村的户均块数主要在 2～4 块;其中韩楼村占比最大,为86.7%。二是李集村、朱围孜村、卜店村和峡口村的户均块数主要集中在5～7 块;其中朱围孜村占比最大,达 51.2%。三是任庄村、胡村和韩楼村的耕地地块数量均小于 8 块,而大介山村、南寨村、李集村、何楼村、朱围孜村、卜店村、峡口村、余围孜村的小部分样本户拥有的地块数量大于 8 块;其中南寨村、李集村和余围孜村的样本户拥有 10 块以上的地块(占比分布为2.2%、4.8%和2.4%)。四是任庄村、胡村、余围孜村的样本户仅拥有 1 块耕地的比例较大,峡口村没有样本户的地块数量为 1 块。

表 5-20 样本村户均块数比较

样本村	均值/块	1 块占比	2～4 块占比	5～7 块占比	8～10 块占比	10 块以上占比
大介山村	2.67	6.7%	86.7%	0.0%	6.7%	0.0%
任庄村	2.17	33.3%	61.1%	5.6%	0.0%	0.0%
胡村	2.31	27.9%	72.1%	0.0%	0.0%	0.0%
南寨村	3.83	6.5%	71.7%	17.4%	2.2%	2.2%
李集村	5.77	1.6%	38.7%	37.1%	17.7%	4.8%
何楼村	3.83	1.9%	70.4%	24.1%	3.7%	0.0%
朱围孜村	4.68	2.4%	41.5%	51.2%	2.4%	2.4%
卜店村	5.04	2.0%	41.2%	47.1%	9.8%	0.0%

续　表

样本村	均值/块	1块占比	2～4块占比	5～7块占比	8～10块占比	10块以上占比
峡口村	6.29	0.0%	35.2%	46.5%	18.3%	0.0%
余围孜村	3.04	20.0%	64.4%	11.1%	4.4%	0.0%
韩楼村	3.18	3.3%	86.7%	10.0%	0.0%	0.0%

第二,从户均块均面积来看,胡村最大(2.59 亩),峡口村最小(0.68 亩)。11 个样本村的地块面积主要在 0～3 亩,地块面积大部分偏小。由表 5-21 可知,一是大介山村、任庄村、胡村、南寨村、何楼村和余围孜村的地块面积主要在 1～2 亩;李集村、卜店村、韩楼村地块面积在 0.5～<1 亩的占比较大(分别为 45.4%、59.9% 和 43.7%);朱围孜村和峡口村地块面积主要在 0.5 亩以下。二是大介山村、任庄村、胡村耕地地块面积分布较为平均,其中地块面积在 3 亩以上的分别达 7.3%、2.4% 和 15.7%。胡村耕地地块面积最大,4～<5 亩和 5 亩及以上的占比均达 4.3%。三是何楼村、朱围孜村、卜店村、峡口村和韩楼村耕地地块面积均小于 3 亩,其中,韩楼村的样本户地块面积均小于 2 亩。总体来说,地处平原地区的样本村地块面积相对较大,且各个面积分布平均,丘陵和山区的样本村地块面积较小。

表 5-21　户均块均面积村级比较

样本村	块均面积均值/亩	<0.5亩占比	0.5～<1亩占比	1～2亩占比	2～<3亩占比	3～<4亩占比	4～<5亩占比	≥5亩占比
大介山村	1.69	24.4%	22.0%	31.7%	14.6%	7.3%	0.0%	0.0%
任庄村	2.24	0.0%	29.3%	39.0%	29.3%	2.4%	0.0%	0.0%
胡村	2.59	5.0%	22.7%	37.6%	19.1%	7.1%	4.3%	4.3%
南寨村	1.43	14.4%	21.1%	54.4%	8.3%	1.7%	0.0%	0.0%
李集村	0.88	37.0%	45.4%	15.3%	1.9%	0.3%	0.0%	0.0%
何楼村	1.25	6.3%	23.7%	65.7%	4.3%	0.0%	0.0%	0.0%
朱围孜村	0.99	37.8%	30.1%	29.5%	2.6%	0.0%	0.0%	0.0%
卜店村	0.75	24.1%	59.9%	15.2%	0.8%	0.0%	0.0%	0.0%
峡口村	0.68	47.0%	38.3%	12.8%	1.9%	0.0%	0.0%	0.0%
余围孜村	1.57	20.4%	19.0%	53.3%	4.4%	0.0%	2.9%	0.0%
韩楼村	0.79	35.3%	43.7%	21.1%	0.0%	0.0%	0.0%	0.0%

　　第三,从户均地块到家平均距离来看,大介山村最远(934.17米),何楼村最近(437.07米)。11个样本村地块到家平均距离相对较近,基本都在2000米以内。由表5-22可知,一是胡村、南寨村、李集村、何楼村、朱围孜村、卜店村和峡口村地块到家平均距离主要在200~<400米;大介山村、任庄村、余围孜村和韩楼村地块到家平均距离主要在400~<600米。二是除任庄村和韩楼村外,9个样本村均有小部分样本户的地块到家平均距离在200米以内,说明部分样本户住房临近耕地建造。三是大介山村12.2%的样本户地块到家平均距离在2000米及以上,最大地块到家平均距离为2500米。总体来说,样本村地块分布离样本户住宅相对较近。

表 5-22　样本村户均地块到家平均距离比较

样本村	距离均值/米	<200米占比	200~<400米占比	400~<600米占比	600~<800米占比	800~<1000米占比	1000~<2000米占比	≥2000米占比
大介山村	934.17	4.9%	12.2%	36.6%	2.4%	4.9%	26.8%	12.2%
任庄村	872.13	0.0%	12.2%	39.0%	7.3%	9.8%	31.7%	0.0%
胡村	573.36	6.4%	33.3%	30.5%	10.6%	13.5%	5.7%	0.0%
南寨村	578.44	4.4%	30.9%	29.8%	11.6%	21.5%	1.7%	0.0%
李集村	524.91	29.6%	36.9%	11.2%	1.7%	3.6%	17.0%	0.0%
何楼村	437.07	30.4%	41.5%	10.1%	1.0%	0.5%	16.4%	0.0%
朱围孜村	531.14	14.0%	40.4%	16.1%	12.4%	1.6%	15.5%	0.0%
卜店村	490.03	17.9%	44.4%	17.9%	2.3%	0.0%	17.5%	0.0%
峡口村	567.35	10.9%	33.6%	25.2%	14.3%	3.4%	12.5%	0.0%
余围孜村	545.39	1.5%	27.0%	39.4%	17.5%	10.2%	4.4%	0.0%
韩楼村	849.72	0.0%	2.6%	47.4%	24.7%	6.3%	18.9%	0.0%

　　第四,从细碎 S 指数来看,任庄村和胡村最大(0.59),峡口村最小(0.21)。换言之,峡口村耕地细碎化程度最高,任庄村和胡村最低。总体而言,11个样本村的细碎 S 指数值相对较小,样本村耕地细碎化程度较高。由表5-23可知,一是除大介山村外,其他10个样本村细碎 S 指数大部分集中在0.4以内;其中峡口村细碎 S 指数值主要在>0~0.2。二是大介山村40.0%样本户的细碎 S 指数在0.6~0.8,该村耕地细碎化程度相对较低。三是任庄村和胡村分别有27.8%和28.3%的样本户耕地细碎 S 指数为1,不存在

细碎化问题。四是卜店村、峡口村和韩楼村没有耕地细碎 S 指数在 $>0.8\sim1.0$ 的样本户。总体而言,地处平原地区的大介山村、任庄村和胡村细碎化程度相对其他样本村较低,而地处山区的卜店村、峡口村、韩楼村细碎化程度相对较高。

表 5-23　样本村细碎 S 指数比较

样本村	指数均值	$>0\sim$ 0.2 占比	$>0.2\sim$ 0.4 占比	$>0.4\sim$ 0.6 占比	$>0.6\sim$ 0.8 占比	$>0.8\sim$ 1.0 占比
大介山村	0.58	6.7%	20.0%	26.7%	40.0%	6.7%
任庄村	0.59	0.0%	33.3%	27.8%	11.1%	27.8%
胡村	0.59	0.0%	38.3%	30.0%	3.3%	28.3%
南寨村	0.39	12.5%	62.5%	16.7%	4.2%	4.2%
李集村	0.26	41.9%	46.8%	9.7%	0.0%	1.6%
何楼村	0.31	9.3%	79.6%	9.3%	0.0%	1.9%
朱围孜村	0.32	12.2%	65.9%	19.5%	0.0%	2.4%
卜店村	0.25	34.0%	64.0%	2.0%	0.0%	0.0%
峡口村	0.21	52.9%	47.1%	0.0%	0.0%	0.0%
余围孜村	0.48	9.5%	42.9%	28.6%	0.0%	19.0%
韩楼村	0.41	0.0%	75.0%	22.9%	2.1%	0.0%

第五,样本村耕地细碎化基本情况测度结果如表 5-24 所示。一是大介山村人均耕地面积、家庭户均耕地面积和块均耕地面积最高(分别为 1.96 亩、10.88 亩和 2.02 亩);余围孜村人均耕地面积、家庭户均耕地面积和块均耕地面积最小(分别为 0.12 亩、0.55 亩和 0.18 亩)。二是 11 个样本村的家庭户均地块块数在 3~6 块,其中峡口村的家庭户均地块块数最多(6.20 块),余围孜村的家庭户均地块块数最少(2.98 块)。三是大介山村地块闲置或弃耕比例最高,达 14.2%;卜店村地块转租率最高,达 10.9%。

表 5-24　样本村耕地细碎化基本情况

样本村	人均耕地面积/亩	家庭户均耕地面积/亩	块均耕地面积/亩	家庭户均地块块数/块	地块弃耕率	转租率
大介山村	1.96	10.88	2.02	5.38	14.2%	1.1%
任庄村	0.71	4.44	0.73	6.06	0.9%	1.3%
胡村	1.47	4.88	0.79	6.18	0.0%	2.4%

续　表

样本村	人均耕地面积/亩	家庭户均耕地面积/亩	块均耕地面积/亩	家庭户均地块块数/块	地块弃耕率	转租率
南寨村	0.95	4.15	1.16	3.58	0.1%	1.4%
李集村	0.93	4.36	0.76	5.70	0.4%	0.0%
何楼村	1.35	4.12	1.20	3.45	0.0%	2.4%
朱围孜村	0.50	2.06	0.44	4.69	0.1%	3.2%
卜店村	0.28	1.24	0.28	4.49	0.1%	10.9%
峡口村	1.19	4.07	0.66	6.20	0.1%	0.0%
余围孜村	0.12	0.55	0.18	2.98	0.0%	0.0%
韩楼村	0.59	2.36	0.75	3.13	0.4%	0.0%

六、耕地细碎化程度界定

由于各区域之间农户的细碎 S 指数相差较小,且分布较为均匀,难以对样本区域细碎化轻重做出具体评价,因此本书将样本区农户经营的耕地分为三个细碎等级:轻度细碎化、中度细碎化和重度细碎化。通过计算样本户细碎 S 指数的均值和标准差,对样本区农地细碎化程度进行界定。令均值为中度细碎化地区最小临界值,则轻度细碎化(LSI)、中度细碎化(MSI)和重度细碎化(HSI)的最小临界值分别为:

$$MSI=平均值;LSI=MSI+标准差;HSI=MSI—标准差$$

如表 5-25 所示,细碎 S 指数的平均值和标准差分别为 0.375 和 0.228。由此可知,$MSI=0.375$;$LSI=0.603$;$HIS=0.147$。

表 5-25　样本户细碎 S 指数描述性统计

样本户	平均值	标准差	最小值	最大值
535	0.375	0.228	0.080	1.000

在 505 个样本户中,细碎 S 指数的最小值和最大值分别为 0.076 和 1.000,为保证细碎化程度平均区间包含所有样本户,选取样本细碎 S 指数最小值代替 HSI 的最小临界值。由此得出三个细碎化程度的评价区间分别为:重度细碎化[0.076,0.375];中度细碎化[0.376,0.602];轻度细碎化[0.603,1.000]。

由此看来,样本区耕地细碎化程度整体偏高。由表 5-26 和图 5-18 可知,70.6%的样本户家庭拥有重度细碎化的耕地,仅有不到10%的农户所经营的耕地轻度细碎化。

表 5-26 样本区耕地细碎化程度分布

轻度细碎化占比	中度细碎化占比	重度细碎化占比
9.9%	19.5%	70.6%

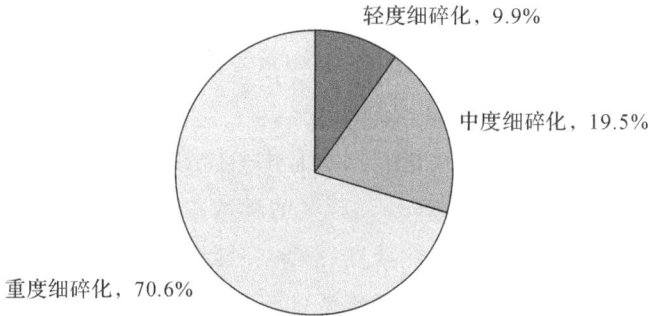

图 5-18 样本区耕地细碎化程度分布

第一,从不同地形区域来看,平原区、丘陵区和山区的平均细碎 S 指数值分别为 0.59、0.31 和 0.34。平原区 S 指数属于区间[0.376,0.602],属于中度细碎化;而丘陵区和山区 S 指数属于区间[0.076,0.375],属于重度细碎化。由表 5-27 和图 5-19 可知,平原区样本户耕地细碎化程度分布较为平均,但基于平原地区由自然条件形成的耕地细碎化程度较低,其较为严重的细碎化程度由人为因素造成。而丘陵区和山区细碎化程度较为严重,农户的 S 指数主要集中在重度细碎化区间,在自然条件形成的细碎化前提下人为因素导致的细碎化现象更为严重。

表 5-27 各地形区域耕地细碎化程度分布

地形区域	轻度细碎化占比	中度细碎化占比	重度细碎化占比
平原区	37.6%	31.2%	31.2%
丘陵区	4.0%	14.9%	81.2%
山区	5.9%	20.1%	74.0%

第二,从样本市比较分析来说,新乡市细碎化 S 指数均值为 0.59,属于中度细碎化区间;信阳市细碎化 S 指数均值为 0.31,属于重度细碎化区间。

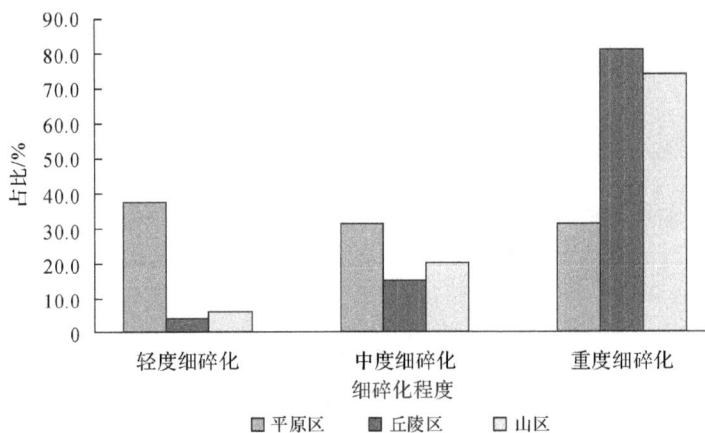

图 5-19　各地形区域耕地细碎化程度分布

由表 5-28 和图 5-20 可知,信阳市 79.7% 的样本户耕地属于重度细碎化,仅有 3.8% 的样本户的耕地细碎化程度较轻。而新乡市耕地细碎化指数分区较为平均,其中 64.2% 的样本户的耕地细碎化程度在中度及以上。

表 5-28　样本市耕地细碎化程度比较

样本市	轻度细碎化占比	中度细碎化占比	重度细碎化占比
新乡市	35.8%	33.7%	30.5%
信阳市	3.8%	16.5%	79.7%

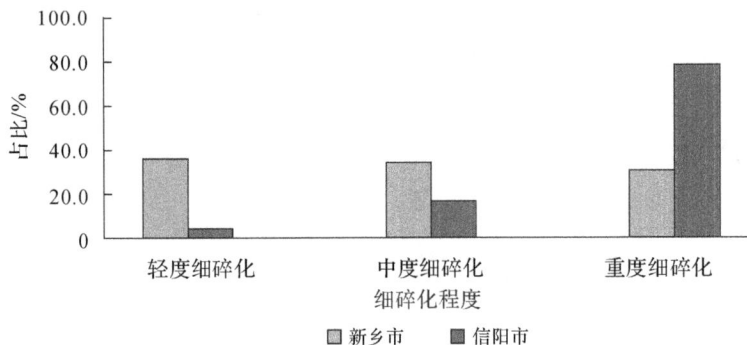

图 5-20　样本市耕地细碎化程度比较

第三,从样本县比较分析可知,新乡县、延津县和商城县的平均细碎 S 指数值分别为 0.59、0.60、0.31。新乡县和延津县的细碎 S 指数属于区间 [0.376,0.602],属于中度细碎化;商城县的细碎 S 指数属于区间 [0.076, 0.375],属于重度细碎化。新乡县轻度细碎化占比最大,细碎化程度较轻;

商城县近 8 成样本户耕地细碎 S 指数值属于重度细碎化区间,细碎化问题较为严重(见表 5-29 和图 5-21)。

表 5-29　样本县耕地细碎化程度比较

样本县	轻度细碎化占比	中度细碎化占比	重度细碎化占比
新乡县	42.4%	30.3%	27.3%
延津县	31.7%	35.0%	33.3%
商城县	3.8%	16.3%	79.9%

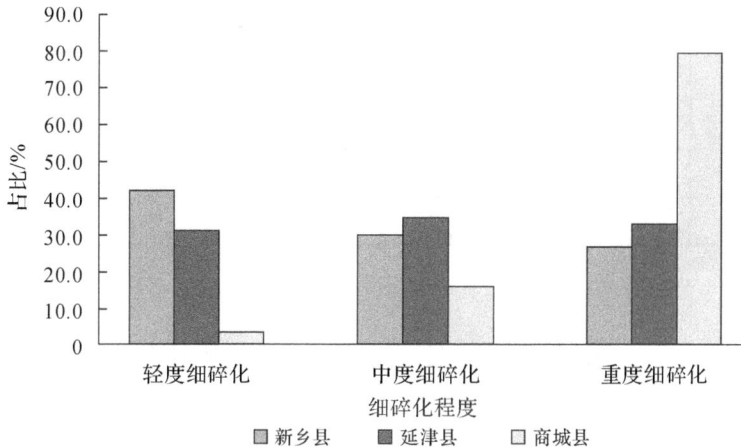

图 5-21　样本县耕地细碎化程度比较

第四,从样本村分析可知,大介山村、任庄村、胡村和余围孜村的细碎 S 指数属于区间[0.376,0.602],属于中度细碎化;南寨村、李集村、何楼村、朱围孜村、卜店村、峡口村和韩楼村属于区间[0.076,0.375],属于重度细碎化。由表 5-30 可知,首先,大介山村、任庄村和胡村的耕地细碎化程度相对较低;大介山村和任庄村轻度细碎化的耕地占比最高,分别达 46.7% 和 38.9%。其次,南寨村、李集村、何楼村、朱围孜村、卜店村、峡口村和韩楼村重度细碎化的样本户占比均在 6 成以上;其中峡口村属重度细碎化程度的耕地达 100%。最后,卜店村、峡口村和韩楼村轻度细碎化的耕地占比均为 0%。总而言之,平原地区的 3 个样本村细碎化程度相对较小,重度细碎化占比相对较小;而丘陵和山区的样本村细碎化程度相对较高,重度细碎化的耕地占比较大。

表 5-30 样本村耕地细碎化程度比较

样本村	均值	轻度细碎化占比	中度细碎化占比	重度细碎化占比
大介山村	0.576	46.7%	26.7%	26.7%
任庄村	0.593	38.9%	33.3%	27.8%
胡村	0.597	31.7%	35.0%	33.3%
南寨村	0.373	8.7%	23.9%	67.4%
李集村	0.258	1.6%	9.7%	88.7%
何楼村	0.310	1.9%	9.3%	88.9%
朱围孜村	0.319	2.4%	22.0%	75.6%
卜店村	0.236	0.0%	4.0%	96.0%
峡口村	0.205	0.0%	0.0%	100.0%
余围孜村	0.476	19.0%	33.3%	47.6%
韩楼村	0.358	0.0%	35.4%	64.6%

第二节　耕地利用效率测度

一、评价指标体系构建

生产视角下耕地利用效率旨在将耕地资源置入农业生产系统，以耕地及其他劳动力、技术、资产等生产因素作为农业生产投入对耕地利用水平进行分析。因此，生产视角下的耕地利用效率是微观层面评价耕地利用效率最为直观的指标。

生产视角下耕地利用效率以耕地生产系统为基础，以一系列相互联系的生产投入和产出因素为各个组成部分，形成完整的耕地生产系统。这一生产系统由输入系统、运行系统和输出系统三个子系统组成，其中输入系统包括耕地、劳动力、生产技术、资本投入等，输出系统为农产品。耕地生产系统如图 5-22 所示。

耕地生产系统是一个动态的系统，随着投入指标以及生产环境的变化，耕地利用方式也随之改变。因此，耕地利用水平的高低取决于耕地生产系

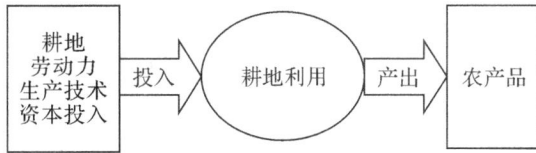

图 5-22　耕地生产系统

统中各个要素之间的资源配置和合理分配。

二、模型的选取

数据包络分析法(DEA)是目前分析投入产出生产效率较为客观、较为有效的评价方法。它能够较为客观地对多投入单元和多产出单元进行分析,反映其投入与产出的比值,从而对效率进行评价。

DEA 运用数学规划模型,其实际意义是衡量决策单元在"前沿面"上的集和到"前沿面"的距离。DEA 具有多种形式的模型,但 C^2R 和 BC^2 为 DEA 的两种基础模型。C^2R 是在规模报酬不变的条件下对效率进行测度,其效率值包括规模效率和技术效率两部分。而 BC^2 是在 C^2R 的基础上考虑了规模报酬可变的情况对效率进行测度,其效率值排除了规模效率的影响,只考虑其技术效率。本研究选取规模报酬可变的 DEA 的 BC^2 模型。其基本原理如下:

假设评价系统有 i 个决策单元 DMU_1, DMU_2, …, DMU_i,每个 DMU 有 n 个输入变量和 m 个输出变量。其中,$x_j = (x_{1j}, x_{2j}, …, x_{nj})^T > 0$;$y_j = (y_{1j}, y_{2j}, …, y_{mj})^T > 0$,且 x_{rj} 为 DMU_j 第 r 种输入变量的投入值,y_{qj} 为 DMU_j 第 q 中输出变量的产出值,并令 $j = (1, 2, …, i)$,$r = (1, 2, …, n)$,$q = (1, 2, …, m)$。由此可得出具有 i 个决策单元的多个投入变量和多个产出变量的评价系统。

为简化指标,设 DMU_{j0} 的输入变量为 x_{j0},输出变量为 y_{j0}。令 $x_{j0} = x_0$,$y_{j0} = y_0$,$1 \leq j_0 \leq 0$,则评价系统中该单元效率值 DMU_{j0} 的数学分式规划为:

$$\begin{cases} E_j = \dfrac{\max(u^T y_0)}{V^T X_0} \\ \text{s. t.} \dfrac{u^T y_j}{v^T x_j} \leqslant 1 \end{cases}$$

$$u \geqslant 0, v \geqslant 0 \tag{5-1}$$

其中,$u=(u_1, u_2, \cdots, u_n)^{\mathrm{T}}$,$v=(v_1, v_2, \cdots, v_m)^{\mathrm{T}}$,分别为 n 种输入变量和 m 种输出变量的权系数向量。E_j 为评价单元的效率评价指数,经过变形该分式规划可转换为等价分式:

$$t = \frac{1}{v^{\mathrm{T}} x_0}, \omega = tv, \mu = tv \tag{5-2}$$

$$\begin{cases} \max y_0^{\mathrm{T}} tu = E_j \\ \text{s. t. } y_0^{\mathrm{T}} tu \leqslant 1 \end{cases} \tag{5-3}$$

其中,等价分式(5-3)的最优解是 DMU_{j0} 的最佳权向量,而此最佳权向量让 E_j 得到最大值,即效率值最大化。为进一步计算决策单元与前沿面的距离,式(5-3)可转化为对偶分式规划:

$$\begin{cases} \text{s. t. } \sum_{j=1}^{v} \lambda_r X_{rj} + S_j = \theta X_{ro} \\ \sum_{j=1}^{i} \lambda_j y_{qj} - S_q^+ = y_{ro} \\ \lambda_j \geqslant 0, S_j^- \geqslant 0, S_q^+ \geqslant 0 \end{cases} \tag{5-4}$$

S^+、S^- 为对偶分式中加入的弹性变量,S^+ 为输出或产出不足的变量数,S^- 为输入或投入后多出的变量数。当线性规划取得最优解时,令 $S^+ = 0$,$S^- = 0$,则认为 DMU_{j0} 为 DEA 模型的有效决策单元,反之则是无效单元。

三、指标选取与数据说明

DEA 模型的构建前提是投入指标和产出指标的选取。在选择指标时不仅要选取准确的评价指标以保证评价结果的准确性,同时须考虑指标的数量。本研究以实地调查的 505 个样本户(由于 535 个样本户中 30 个样本户在 2014 年将自家耕地出租,并不清楚耕地投入产出情况,因此本节在测度耕地利用效率时剔除出租耕地的 30 个样本户,故为 505 个样本户)为基本评价单元(DMU),参考图 5-21 所示的耕地生产系统,选取以下投入指标和投出指标构建生产视角下耕地利用效率评价指标体系。

根据本研究 2014 年问卷调查表的现有数据和资料,投入指标选取土地投入、劳动投入和资本投入三项指标,其中:土地投入以每样本户耕地面积计算;劳动投入以每样本户务农劳动力数量计算;资本投入以每样本户的农业生产中间投入计算。产出指标选取每样本户农地年净产值。

在构建具有多个投入产出指标的 DEA 模型对效率进行评价时,各投入指标和产出指标之间须符合"同向性"和"自由度"的要求。首先,同向性是指各投入指标与产出指标具有同向正相关,即随着各投入指标的增加,产出指标随之增加。本研究采用较为常用的皮尔森相关系数检验法进行检验,发现各投入指标和产出指标均为正相关关系,符合"同向性"假设。其次,"自由度"假设要求决策单元数量须超过各投入产出指标总和的两倍。可知本研究以 505 个样本户为各决策单元,远大于各投入产出指标总和的两倍,即 $2 \times (3+1) = 8$。最后,决定以样本户耕地面积(X_1)、样本户农业生产投入(X_2)、样本户务农劳动力数量(X_3)为投入指标,以样本户农地净产值为产出指标(Y)。表 5-31 为农地生产效率评价指标体系。

表 5-31　耕地利用效率评价指标体系

指标	一级指标	二级指标
投入指标	土地投入	样本户耕地面积/亩
	资本投入	样本户农业生产投入/元
	劳动力投入	样本户务农劳动力数量/人
产出指标	农地净产值	样本户农地年净产值/元

四、样本区耕地利用效率测算

本研究利用 DEAP 2.1 软件,对 505 个样本户的耕地利用效率进行求解,表 5-32 为样本户平均耕地利用效率评价表。根据 DEA 规模效率原理,本研究将利用效率(EFF)分解为纯技术效率(PTE)和规模效率(SE)。其中,纯技术效率即是将投入产出指标数据代入 DEA 的 BC^2 模型所得;利用效率则是纯技术效率与规模效率的乘积。三项效率指标取值均在$[0, 1]$的区间,指标值越趋近于 1 效率越高。

从表 5-32 来看,样本区农户的耕地利用效率较低,仅为 0.176;纯技术效率为 0.717,规模效率为 0.265。由此可知,样本区耕地利用效率未达到最佳状态,其投入产出结构具有调整的空间。而根据规模报酬来看,样本区规模报酬基本为递增状态,随着耕地投入指标的增加,耕地产出增加,耕地利用效率将会相应提高。

表 5-32　样本户平均耕地利用效率评价

决策单元	利用效率	纯技术效率	规模效率
农户平均值	0.176	0.717	0.265

实地调查的样本户耕地利用效率值总体偏低，从效率结构上来看是由规模效率决定的。从效率值区间分布情况来看（见表 5-33），较大部分样本户的效率值在 >0~0.2，占 76.0%；而效率值分布在 0.4 以上的样本户数较少，仅占 3.9%。

表 5-33　户耕地利用效率分布

效率值分布	样本户/个	占比/%
>0~0.2	384	76.0
>0.2~0.4	101	20.1
>0.4~0.6	13	2.6
>0.6~0.8	4	0.7
>0.8~1.0	3	0.6

第三节　本章小结

本章详细分析了样本区耕地细碎化程度，从地块面积、地块距离、地块数量以及细碎 S 指数对样本区耕地细碎化进行综合测度。并在此基础上从生产视角和细碎化格局视角两方面对耕地利用效率进行系统性分析，具体结论如下：

第一，样本区耕地经营规模普遍较小，且较为细碎；人均耕地面积和块均耕地面积均不足 1 亩，且农户拥有的地块数量平均在 4 块以上，约 80% 的样本户经营地块的面积在 2 亩以下；由于样本区耕地基本分布在村庄周边，地块到家距离较近（平均距离为 588 米），其中最远的不超过 3000 米；从细碎 S 指数来看，样本区农户细碎 S 指数值均较小，耕地细碎化程度较高。

第二，三种不同地形区农户经营耕地规模普遍较小，人均耕地面积和户均耕地面积均较小;丘陵和山区的样本户经营地块面积同样较小,90%以上小于 2 亩,且两个区域有 4 成以上样本户家庭拥有地块数量在 5 块以上;三种区域细碎 S 指数均较小,其中丘陵区与山区的细碎 S 指数整体小于平原区。

第三,以样本市为单位对耕地细碎化程度进行测度,可以得出,两个样本市细碎化程度普遍较高,信阳市细碎化程度高于新乡市;以样本县为单位对耕地细碎化程度测度可知,三个样本县细碎化程度普遍偏高,其中商城县细碎化程度最高,新乡县和延津县次之;以样本村为单位对耕地细碎化程度测度可知,11 个样本村中地处丘陵区和山区的样本村村细碎化程度普遍偏高,而地处平原地区的样本村的细碎化程度低于其他样本村。

第四,从细碎化等级来说,超过 70%样本户经营的耕地呈重度细碎化程度;平原区、丘陵区和山区细碎 S 指数值分别为 0.59、0.31 和 0.34;平原地区农地细碎化较为平均,高、中、低三种细碎化程度平均分布;丘陵区和山区农地基本呈高度细碎化状态,样本户经营耕地呈轻度细碎化状态的较少。而从样本市来说,新乡市的耕地细碎化程度属于中度细碎化,信阳市属于重度细碎化。从样本县来说,新乡县和延津县属于中度细碎化,而商城县的细碎化程度属于重度细碎化。从样本村可知,除大介山村、任庄村、胡村和余围孜村的细碎化程度属于中度细碎化外,其他样本村属于重度细碎化。

第五,样本区耕地利用效率较低。样本户生产视角下的耕地利用效率平均水平为 0.176,约 76%的样本户耕地利用效率水平低于 0.2;从耕地利用效率影响因素的权重测定结果中可以看出,耕地细碎化占有较大的权重,对耕地利用效率具有较大的影响。

第六章　细碎化对耕地利用效率的影响分析

　　研究采用 DEA-Tobit 二阶段分析模型,对细碎化与耕地利用效率之间的关系进行定量分析。DEA-Tobit 二阶段分析法是研究决策单元效率与其相关影响因素应用较为广泛的方法(薛龙,刘旗,2012;石晶,李林,2013;雷国平,刘子宁,2014),其计算过程可以分为两步:第一步,利用 DEA 分析法对每个样本户的耕地利用效率值进行计算;第二步,运用 Tobit 模型以各样本户耕地利用效率值为被解释变量,以相关影响因素为解释变量进行 Tobit 回归分析,分析耕地利用效率相关因素的影响效应。采用 DEA 方法对耕地利用效率的测度已经在第五章完成,本章内容主要采用 Tobit 模型实现对耕地利用效率影响因素的分析。

第一节　模型选取与变量选择

一、模型选取

　　基于以上章节对耕地利用效率的测度结果,本章选取 Tobit 模型对细碎化与耕地利用效率之间的关系进行定量分析。最小二乘法(OLS)是进行标准回归分析最常用的方法,但这种回归分析方法要求被解释变量连续且无有限区间限制。当被解释变量为截断数值时,如果使用最小二乘法进行回归分析,结果就会存在一定误差。为更好地处理这个问题,美国著名经济学家詹姆士・托宾(James Tobin)在 1958 年提出了一种相对有效的方法,即 Tobit 模型,又称受限因变数回归模型,是一种因变量受限制条件下的经济计量模型。该模型的主要特点是被解释变量为截面数据且服从正态分布,解释变量部分连续或离散分布。根据第四章耕地利用效率评价结果,耕地利用效率评价值均为区间值，如选取普通最小二乘法对变量之间进行回归分析，会造成参数估计偏差，造成分析结果不准确。

因此，在选用合适的计量模型之前，首先需要对被解释变量耕地利用效率（EFF）和拟进入模型解释变量的数值特征进行分析，表 6-1 给出了各变量的描述性统计分析结果。

表 6-1　各变量描述性统计分析

模型变量	变量类型	观察样本	平均值	标准差	最小值	最大值
EFF	被解释变量	505	0.176	0.114	0.053	1.000
N	解释变量	505	4.085	2.248	1.000	18.000
SI	解释变量	505	0.375	0.229	0.076	1.000
Q	解释变量	505	1.917	0.292	1.000	2.500
DT	解释变量	505	592.569	226.052	50.000	1662.500
FR	解释变量	505	0.390	0.231	0.143	1.000
AGE	解释变量	505	51.107	11.375	20.000	77.500
ACOST	解释变量	505	0.280	0.162	0.027	1.317
AEDU	解释变量	505	8.282	1.441	6.000	12.850
NRET	解释变量	505	2.410	2.054	−0.476	11.650

经计算，505 个样本户耕地利用效率均值为 0.176，标准差为 0.114，由非参数核密度估计方法得到样本户耕地利用效率的分布如图 6-1 所示。

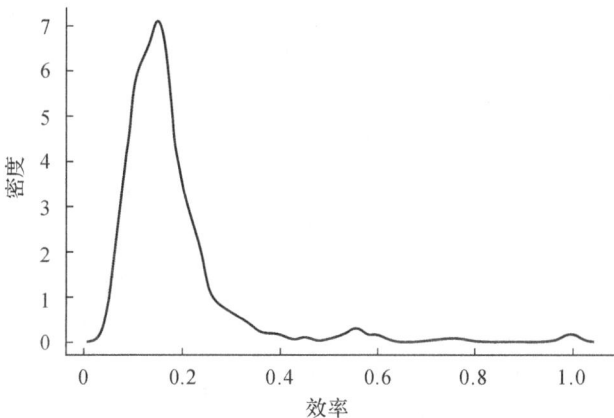

图 6-1　样本户耕地利用效率的概率分布

由图 6-1 观察到样本户耕地利用效率主要集中在区间(0,0.4),其分布确为钟形分布,进一步,通过正态 Q-Q 图(见图 6-2)可以发现,除尾部外,Q-Q线基本在一条直线上。

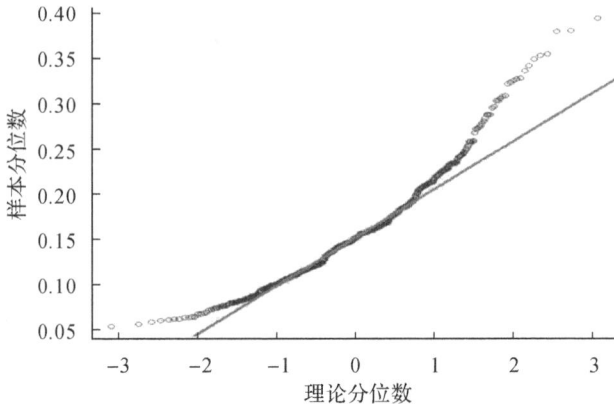

图 6-2　样本户耕地利用效率 Q-Q 曲线

由于在 505 个样本户中,仅有 20 户耕地利用效率大于 0.4,形成拖尾,破坏了 Tobit 的正态性模型假设。为保证统计及实证分析的有效性和准确性,消除样本数据集中的"噪点",研究将耕地效率大于均值加上 3 倍标准差(约等于 0.52)的样本点视为异常点(共 15 户),并对这些异常点进行剔除,对剩下的 490 个样本户采用 Tobit 模型分析。这 490 户在 2014 年全年利用耕地从事农业生产经营活动,同时近五年均连续地从事农业生产经营活动,耕地长期处于种植状态,因此,基于这 490 份农户数据构建计量模型,既消除了异常值对模型结果的影响,也能保证数据质量的可靠性。

二、变量选择

耕地利用效率水平的高低不仅受自然条件如地形条件引起的耕地细碎化的影响,也受到社会条件、人为因素等造成的进一步的耕地细碎化的影响。其中,社会经济因素主要包括农户基本情况、家庭情况以及各样本户对农地的经营方式等,而自然因素主要包括各样本户耕地情况、经营规模等。具体地说,将样本户户主年龄及文化水平、家庭人口数量、劳动力数量、务农劳动力平均年龄、外出务工劳动比重、农业收入比重、地块块数、耕地经营规模、地块平均大小、地块到家平均距离、细碎 S 指数、耕地资本投入等作为解释变量分析其对耕地利用效率的影响。

　　基于以上的考虑,模型以耕地利用效率(EFF)为被解释变量,解释变量分为自然因素和社会因素两个方面,其中自然因素包括农户拥有的地块数量(N)、农户耕地细碎 S 指数(SI)、农户地块到家平均距离(DT)、农户耕地平均质量(Q),社会经济因素包括农户务农劳动力比重(FR)、农户务农劳动力平均年龄($AAGE$)、农户农地资本投入($ACOST$)、农户平均受教育年限($AEDU$)、农户人均非农收入($NRET$)。模型中各解释变量的定义以及预期方向如表 6-2 所示。

表 6-2　模型中各变量的定义及预期方向

模型变量	定义	单位	预期方向
EFF(被解释变量)	农户耕地利用效率	—	
1 N	农户拥有的地块数量	块	—
2 SI	农户耕地细碎 S 指数	—	—
3 DT	农户地块到家平均距离	米	—
4 Q	农户耕地平均质量①	—	+
5 FR	农户务农劳动力比重②	—	?
6 AGE	农户务农劳动力平均年龄	岁	?
7 ACOST	农户农地资本投入	万元/亩	?
8 AEDU	农户平均受教育年限	年	?
9 NRET	农户人均非农收入	万元	?

　　第一,自然因素。主要包括农户拥有的地块数量(N)、农户耕地细碎 S 指数(SI)、农户地块到家平均距离(DT)以及农户耕地平均质量(Q)等变量。一是水域、道路或地形导致成片的土地被分割成若干地片,再由田间小径、灌溉渠道或农用设施将这些地片分为若干形状不规则的若干地块。而每个农户又在地块或地片的基础上依照均分土地的原则将耕地切割成更加零碎的田块。细碎 S 指数反映了这种由地形条件和人为条件综合引起的细碎化状况。耕地细碎化指标值越小,则农户拥有的地块数量越多,耕地细碎

---

　　①　样本户耕地平均质量为样本户各耕地地块质量的平均值。
　　②　样本户务农劳动力比重为务农劳动力人数占家庭劳动力总人数的比例。

化程度越高。二是地块数量从另一方面反映了单纯人为条件下的耕地细碎化的程度。根据细碎化的特征，耕地细碎化不仅表现为地块面积狭小，且表现为地块数量较多。农户拥有的地块数量越多，越有可能因劳动力不足或资本投入量不足等问题降低耕地利用效率。三是农户地块到家距离的远近决定了农户到达各地块所花费的时间长短。农户拥有地块离家距离越远，花费的时间和投入的劳动力越多。四是耕地质量对耕地利用效率产生影响，主要是因为不同耕地质量的地块其肥沃程度或土壤成分各不相同，在给农户分配土地时，先将土地按照肥沃程度分为上、中、下三等，然后平均分配给农户。耕地质量好坏不一，加之农户后天经营利用导致了耕地利用效率的差异。

第二，社会经济因素。农户农地资本投入（ACOST）主要是指农户在农业生产中投入的种子、化肥、农药、杀虫剂、除草剂、灌溉、机械等综合花费，其间接反映了农户对耕地、农作物相关生产的投入是否达到农作物生产过程中对养分、虫害防治等方面的要求，也反映了农户是否及时收割或播种农作物，以符合农作物季节性的要求。农户家务农劳动力比重（FR）和务农劳动力平均年龄（AAGE）对耕地利用效率可能会产生影响，原因是如果务农劳动力比重较小，则意味着农户家庭可能没有足够的劳动力投入现有的耕地，造成由于劳动力不足出租或转让耕地的现象，更有甚者出现闲置耕地或弃耕的现象，则耕地利用效率就会降低；反之，如果务农劳动力较多，部分劳动力虽外出打工但时间较短不影响农业生产经营，则耕地利用效率不发生变化或增加。务农劳动力平均年龄也会影响耕地劳动力实际的投入量，从而影响耕地利用效率。

农户平均受教育年限（AEDU）可能会对先进农业技术采纳和农业机械化的使用产生影响，从而影响耕地利用效率。农户人均非农收入（NRET）越高，农业收入在家庭总收入中的比重就相对越低，对农业生产的重视程度就会降低，对耕地的管理就会存在不足，从而影响耕地利用效率。

从模型构建的角度来看，在选择的 9 个解释变量中，有的确实会对耕地利用效率产生影响，有的则影响不显著，甚至不应该被包含在计量模型之中。由于解释变量数目较多，人为判断或通过 Tobit 模型的方差分析方法都会存在一定的限制，因此本研究使用提布施瓦尼（Tibshirani）在 1996 年提出的最小绝对收缩和选择算子（least absolute shrinkage and selection

operator，LASSO），从建立计量模型的角度再进行一次变量选择。LASSO
算法最重要的一步就是选择合适的值，本研究通过交叉验证方法进行选择，
结果如图 6-3 所示。

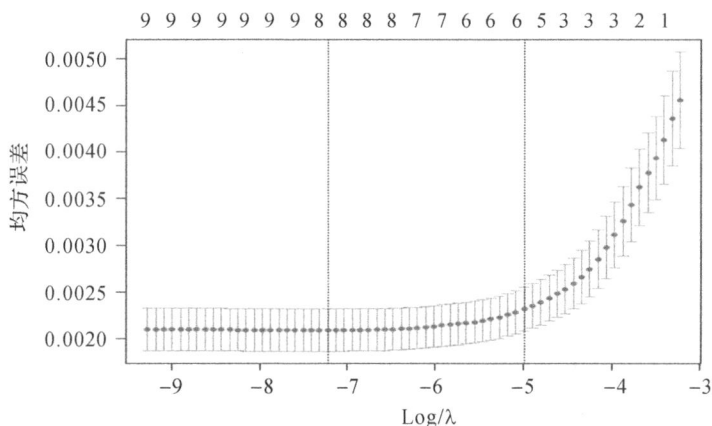

图 6-3 LASSO 算法变量选择参数值选取

由图 6-3 可以看到，共有 9 个解释变量，通过交叉验证方法，最后 8 个
解释变量进入模型。由图 6-4 可以看到，在解释变量中，农户平均受教育年
限（*AEDU*）的回归系数自动估计成 0，换句话说，也就是在计量模型中，
农户平均受教育年限这一解释变量被自动排除在选定的模型之外，因此，我
们在下面的 Tobit 模型中仅考虑了除农户平均受教育年限之外的其他 8 个
解释变量。

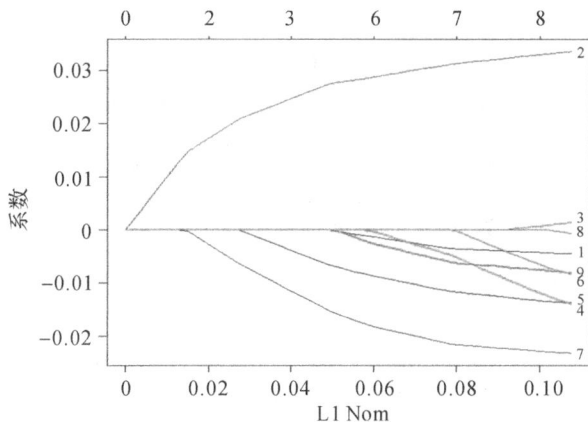

图 6-4 LASSO 算法变量选择进入模型的变量系数变化

第二节 模型构建与结果分析

一、模型构建

本研究以 Tobit 模型为基础,根据耕地利用效率影响因素的理论分析,构建耕地利用效率的影响因素模型,并对因素的影响作用进行量化。

Tobit 模型数理方程如下:

$$\begin{cases} y_i^* = \alpha + x_i\beta + u_i \\ y_i = y_i^* \ (y_i^* > 0) \\ y_i = 0(y_i^* \leqslant 0) \end{cases} \tag{6-1}$$

其中,β 为回归参数,x_i 为解释变量,u_i 为随机误差项,且 $\mu_i \sim N(0,\sigma^2)$。

根据本章第一节的结果,研究以耕地利用效率为被解释变量,以农户拥有的地块数量、农户耕地细碎 S 指数、农户地块到家平均距离、农户耕地平均质量等自然因素,以及农户务农劳动力比重、农户务农劳动力平均年龄、农户农地资本投入、农户人均非农收入等社会经济因素为解释变量,构建耕地利用效率影响因素 Tobit 模型如下:

$$Y_{EFF} = \beta_0 + \beta_1 N + \beta_2 SI + \beta_3 DT + \beta_5 FR + \beta_6 AGE + \beta_7 ACOST + \beta_8 NRET$$

二、结果分析

研究采用 Stata12.0 计量经济软件,对细碎化格局下农户耕地利用效率的影响因素进行 Tobit 回归分析,模型估计结果如表 6-3 所示。

表 6-3 细碎化与生产视角下耕地利用效率模型回归结果

变量	系数	标准误	t 统计量	p 值
N	$-2.012e-03$	$1.349e-03$	-1.492	0.1358
SI	0.150^{***}	0.014	10.777	0.0000
DT	$6.323e-06$	$9.698e-06$	0.652	0.5144

续　表

变量	系数	标准误	t 统计量	p 值
Q	$-5.138\mathrm{e}-02^{***}$	$7.951\mathrm{e}-03$	-6.462	0.0000
FR	$-5.908\mathrm{e}-02^{***}$	$1.246\mathrm{e}-02$	-4.741	$2.12\mathrm{e}-06$
AGE	$-7.705\mathrm{e}-04^{***}$	$1.991\mathrm{e}-04$	-3.870	0.0001
$ACOST$	$-1.441\mathrm{e}-01^{***}$	$1.296\mathrm{e}-02$	-11.118	0.0000
$NRET$	$-4.287\mathrm{e}-07^{***}$	$1.375\mathrm{e}-03$	-3.117	0.0018
C	0.331^{***}	0.023	14.157	0.0000
Pseudo $R^2=0.4803$		Adjusted $R^2=0.4740$		Prob $>F=0.0000$

注：*** 、** 、* 分别表示在 1%、5%、10%的置信水平下显著。

分析结果表明：

第一,该模型重点分析的耕地细碎 S 指数(SI)的回归系数为 0.15,且在 1%的置信水平下显著,表明农户的耕地利用效率与农户细碎 S 指数之间具有较强的正相关性,说明耕地细碎化与耕地利用效率呈负相关,即耕地细碎化指数越大,耕地细碎化程度越低,耕地利用效率越高,验证了前文提出的假设 1。

第二,模型回归结果表明耕地细碎化与耕地利用效率呈显著负相关,地块数量与耕地利用效率呈负相关。一是在其他条件不变的情况下,耕地细碎 S 指数每增加一个单位,耕地利用效率提高 0.15 个单位(下同)。换言之,农户耕地细碎 S 指数越大,耕地细碎化程度越低,耕地利用效率越高,即在生产技术水平既定的情况下,耕地利用效率的提高有赖于耕地细碎化程度的降低。二是农户拥有的地块数量与耕地利用效率呈负相关,其可能原因是农户地块数量的增多增加了农户生产的距离成本,阻碍了农业机械的使用,降低了耕地利用效率。

第三,耕地质量与耕地利用效率呈显著负相关,其回归系数为 -0.051,且在 1%的置信水平下显著。表明在其他影响因素不变的条件下,耕地质量等级值每增加一个单位(意味着耕地质量下降),耕地利用效率就会降低 0.051;换言之,耕地质量等级值越小(土壤质量越高),耕地利用效率越高。

第四,务农劳动力比重和务农劳动力的平均年龄水平存在显著的负相关。务农劳动力比重与耕地利用效率呈现负相关的原因,可能是当前现代农业技术和机械化水平提升,农业生产不需要过多的劳动力,务农劳动力比重较高会造成农村劳动力的过剩,反而降低了耕地利用效率;务农劳动力的平均年龄水平与耕地利用效率呈现负相关的原因在于务农劳动力年龄越大,对于现代农业技术和机械化水平的采纳意愿越低,从而阻碍了耕地利用效率的提升。

第五,耕地利用效率与耕地资本投入之间呈显著负相关,回归系数为一0.1441。表明农户单位面积资本投入每增加一个单位,农户耕地利用效率将降低 0.1441 个单位。耕地的资本投入并未如本研究预期方向一样,对耕地利用效率产生正面影响,其原因是农户在农业生产中过度使用农药、化肥等农业化学品等,表明耕地利用效率并未随着农业、化肥和杀虫剂等投入水平的提高而同比提高。典型调查表明,农户对耕地的资本投入已超过合理投入范围,主要农业生产投入是短期性的、掠夺性的投入。

第六,农户人均非农收入水平与耕地利用效率存在显著的负相关,验证了前文所提出的假设 2,农户人均非农收入越高,农业收入在家庭总收入中的比重就相对越低,农户对农业生产的重视程度就会降低,农户把大量的劳动时间和劳动力投入非农领域,导致对耕地的管理存在不足,从而阻碍了耕地利用效率的提升。

三、稳健性检验

(一)全样本 Tobit 回归模型

为消除异常值对回归模型的影响,上文 Tobit 回归模型中,剔除了 15 户耕地利用效率大于 0.52(均值加上三倍标准差)的样本。因此,不剔除样本,用全样本数据建模来看核心变量 SI 对 EFF 的影响是否稳健十分重要。全样本 Tobit 回归模型拟合结果显示,核心变量 SI 前的系数依然为正,值为0.1844,标准差为 0.0274,t 值为 6.732,在 1% 的置信水平下显著,与剔除异常值的 Tobit 回归模型结果相比,无论是系数符号还是数值大小均相似。

(二)更换耕地利用效率指标

由上一节得到 505 个样本户耕地利用效率的平均值为 0.1760,我们将EFF 取值大于均值的视为高效率,EFF 取值小于均值的视为低效率,因此得到二元的定性数据,对该数据进行 logistic 回归,得到回归结果如表 6-4所示。

表 6-4 细碎化与生产视角下耕地利用效率 logistic 模型回归结果

变量	系数	标准误	t 统计量	p 值
N	−0.149	0.116	−1.286	0.1985
SI	4.746***	1.062	4.468	7.90e−06
DT	2.800e−04	5.836e−04	−0.480	0.6314
Q	−1.470**	0.574	−2.559	0.0105
FR	−2.034**	0.808	−2.518	0.0118
AGE	−4.478e−02***	1.334e−02	−3.358	0.0008
ACOST	−8.394***	1.179	−7.120	0.0000
NRET	−1.437e−05*	8.728e−06	−1.646	0.0997
C	6.890***	1.593	4.237	1.92e−05

注：***、**、* 分别表示在 1%、5%、10% 的置信水平下显著。

结果表明，其系数符号与 Tobit 模型完全一致，尤其是本研究重点考虑的变量 SI 对耕地利用效率的影响仍然显著。

（三）安慰剂检验

为了检验是否有其他遗漏变量使研究结论产生偏差，本书参考 Li（2016）的稳健性检验方法，随机产生 SI 模拟值以展开安慰剂检验：第一，为每个样本产生（0,1）上均匀随机数模拟细碎化率；第二，通过这些随机产生的细碎化率替换解释变量 SI；第三，利用模拟值，对耕地利用效率进行回归。为了提高安慰剂检验的准确性，重复上面过程 1000 次。结果显示，回归系数显著为正和为负的占比非常小，也就是细碎化率对耕地利用效率的效应不是遗漏其他变量造成的，这就进一步验证本书的主要结论具有稳健性。

（四）剔除变量

在固定其他变量的情况下，做 SI 对 EFF 单元的 Tobit 回归，得到的系数仍然为正，为 0.1569，标准差为 0.01059，t 值为 14.81，在 1% 置信水平下也是显著的，这进一步说明本书结论的稳健性。

第三节　本章小结

　　本章主要从定量的角度来分析细碎化对耕地利用效率的影响。包括模型的选择构建、模型变量的选择以及对变量的说明。在模型选取方面，根据前述内容对耕地利用效率的测度结果，本章选取了 Tobit 模型对细碎化与耕地利用效率之间的关系进行定量分析。变量的选取方面，最终选取自然因素与社会经济因素作为解释变量分别对耕地利用效率进行 Tobit 回归分析。

　　模型的分析结果表明：①耕地细碎化与耕地利用效率呈负相关，即耕地细碎化指数越大，耕地细碎化程度越低，耕地利用效率越高；②农户耕地细碎 S 指数越大，耕地细碎化程度越低，耕地利用效率越高；③耕地质量等级值越小（土壤质量越高），耕地利用效率越高；④务农劳动力比重与耕地利用效率存在显著的负相关，农村劳动力存在冗余，需要进行有序的城镇化转移；⑤农户对耕地的资本投入已超过合理投入范围，主要农业生产投入是短期性的、掠夺性的投入；⑥农户非农收入水平与耕地利用效率存在显著的负相关，农户较高的非农收入会导致耕地投入劳动时间和劳动力的不足，会带来较低的耕地利用效率。

第七章　耕地细碎化的解决路径：
耕地适度规模经营

第一节　耕地规模经营的必然性

　　土地是农民赖以生存、必不可少的农业生产要素,与农民的生活水平和经济利益息息相关。农地制度是在一定社会经济条件下对耕地归属和耕地利用之间产生的所有土地关系的总称,是农户与农户、农户与土地、土地与土地之间的重要制度,制度的安排直接影响了农户对耕地的利用方式和农户的经济利益,同时也对农村的经济发展和社会稳定具有重要影响。

　　我国耕地细碎化经营方式是基于家庭联产承包责任制这一基本制度安排,在农村存在大量劳动力、人地关系紧张的现实条件下的选择。但随着社会经济条件的改变,细碎的耕地经营方式的弊端日益凸显,对调整农地经营方式提出了新的要求,即要适应现代农业规模化经营的发展趋势。

　　一、耕地细碎化经营导致了规模利用效率的损失

　　家庭联产承包责任制曾经对于中国农村农业经济的发展做出了巨大的贡献,也是中国改革开放以来取得的重要改革成果之一。但是随着中国社会经济环境的发展、农业生产技术进步以及乡村人口的流动,曾经"适度"的耕地经营规模,在某些区域变得不再"适度",反而成为制约农业生产的主要因素之一。

　　前文的定性与定量分析表明,耕地细碎化经营导致了耕地利用效率尤其是耕地规模利用效率的降低。因此通过政策调整、工程技术实施等途径

改变耕地细碎化性状、促进耕地规模经营是非常必要的。

二、耕地细碎化经营阻碍了现代农业的发展

2013—2016 年,中央一号文件多次提及并布局规划发展多种形式的农业规模经营,并且将其置于"农业现代化必由之路"的战略高度。现代农业以农业技术的先导性和农业要素的集约性为主要特征,在各个农业生产环节中表现出市场化和高度的专业化、商品化。然而,当前以细碎化为特点的耕地经营方式制约了先进农业技术、先进农业机械的推广与使用,也就不能够实现农业技术的先导性、技术的密集性。此外,细碎化的耕地经营方式也影响农业对资金、人才、农业信息等的吸引力,制约了农业要素集约度的提高。因此中国农业向现代农业转变,必须实行规模化经营。

三、耕地细碎化经营不适应社会经济水平的提高

随着城镇化以及农村经济体制改革的不断推进、社会经济水平的逐渐提高,农业与农村人口发生了较大变化。一方面表现为农业产值比重逐年下降,第二、三产业比重日益提高;另一方面则表现为大量农村剩余劳动力流向城市。农村人口向城市的流动不仅有利于耕地资源的集中,也为耕地规模经营提供了采用更先进的劳动技能、机械设备和各类社会化服务的可能。

综上所述,小农经济是特定历史阶段的选择,始于 1978 年的耕地家庭承包经营制在较长的历史时期内以耕地细碎经营和小农经营为主要特征,支持了我国农业的发展,但当前社会经济水平和劳动力状况的变化已对耕地利用规模提出了新的要求,在一定程度上阻碍了耕地利用效率的提高和农业生产技术的推广。耕地规模经营将成为我国农业发展的主要方向。耕地规模经营就是"将一定数量的土地整合,充分发挥各生产要素的能力,提高土地产出率、劳动生产率、降低生产成本,提高经济效益的一种经营方式"①。通过整合耕地资源实现适度规模经营可达到两个目的:一是改变传统的细碎化经营方式,通过减少农户地块数量扩大农户的耕地规模;二是通过扩大耕地经营规模实现耕地集约水平和经营效率的提升。

---

① 王晖.农地股份合作制:中国农地适度规模经营[J].学术交流,2005(8):84.

第二节　国内外耕地规模经营的主要模式

一、国内耕地规模经营的主要模式

目前,我国耕地规模经营模式包括以浙江地区为代表的家庭农场式、以广东佛山南海为代表的土地股份合作制和以闽东南地区为代表的反租倒包式三类。

(一)反租倒包

"反租倒包"形式是由村政府集体组织将农民经营的耕地通过租赁的形式重新整合到集体(反租),统一规划和开发后将其通过市场有偿承包或自己经营(倒包)的耕地规模经营模式,其本质是以农民土地所有权流转经营。

福建省东南沿海(闽东南)地区是较早推行"反租倒包"的地区。随着改革开放的不断深入和经济发展,东南沿海地区第二、三产业快速崛起,农村大量劳动力涌入城市从事非农工作,农民收入逐步由以农业收入为主要来源转变为以工资性收入为主要来源。经济发展对农村社会发展的影响导致农民收入结构和就业结构发生转变。农业生产劳动力的大量转移导致耕地粗放经营,乃至抛荒、弃耕现象严重。20世纪90年代末期,"反租倒包"的耕地规模经营模式随之出现,其本质是土地使用权与承包权分离,在坚持土地集体所有制的前提下对土地使用权进行流转(黄廷廷,2010a)。闽东南地区的土地整合具有一定的阶段性,经历了从自发组织到政府引导的转变过程:在耕地规模经营模式探索阶段,为解决耕地抛荒、弃耕的问题,部分种田大户或种田能手自发组织通过转让、转包、租赁等土地流转形式获得耕地;后来,为引导耕地规模经营,由政府组织通过"反租倒包"集中土地,整理开发后有偿承包或出租给农业企业经营管理,再由农业企业聘用当地农村劳动力进行生产经营,形成了企业化的农业生产组织(黄廷廷,2010b)。

闽东南地区的"反租倒包"形式是在市场主导下对土地使用权进行土地流转的耕地规模经营模式。这一模式形成较晚,其政府行政力量仅用于促进土地使用权的顺利流转,并不对耕地规模经营进行主导。一方面,这一模式在一定程度上缓解了耕地闲置、荒弃的现象,促进了耕地整合集中、成片经营,改善了细碎化的耕地经营形式;另一方面,耕地的集中整合扩大了农业生产经营单位的基本经营规模,调动了农民的生产积极性,降低了耕地生产成本,提高了耕地利用效率,有效推动了耕地适度规模经营。但这种模式的开展需要政府的引导和企业的参与,政府过多干涉可能导致耕地规模经营的推广不能完全遵循市场需要。

(二)家庭农场式

家庭农场是指以家庭为农业生产经营的基本单位,以适度规模化为主要模式,以集约化、商品化为生产经营形式(屈学书,2014)。从这一内涵可知,家庭农场仍以家庭为基本生产单位,以家庭生产为本质,但与传统的小规模家庭经营形式又有差别,其适度规模经营是家庭农场的主要表现形式。2013年中央一号文件指出,要努力提高农民集约化经营水平,大力支持发展以适度规模经营为主要形式的新型农民合作组织。在党中央和政府的引导下,全国一些地区已逐渐形成较为成熟的家庭农场模式,其中浙江地区成为采用家庭农场模式的典型区域。

改革开放以后,浙江地区推行了家庭联产承包责任制进行土地分配,以土地均分承包的方式将耕地按照质量好坏、到家距离远近等条件分配给农村集体组织成员。当时人均耕地面积仅一亩左右,且耕地较为分散、地块数量较多。20世纪80年代末期,随着浙江地区经济的快速发展,受到上海、杭州、宁波等城市的经济辐射,农村进城务工劳动力数量快速增加,农村剩余劳动力人口大量向第二、三产业转移,非农收入成为农村家庭收入的主要来源。随着70%~80%的农村劳动力外出务工,从事农业生产的农村劳动力从相对过剩转变为相对稀缺,农村耕地出现大面积闲置、荒弃的现象(叶琪,2005)。农村劳动力兼业化的普遍也使得农户的农业生产经营管理水平停滞不前,农业生产能力下降。在此背景下,浙江地区开始尝试将耕地整合集中,探寻耕地适度规模经营模式。浙江地区家庭农场的发展呈明显的渐进式,最初仅由村政府为解决耕地大量荒弃、闲置的问题鼓励种田大户、养殖能手等承包土地,保证耕地有所利用;随后为了进一步推进耕地适度规模经营,由政府引导农户将耕地集中起来,经过开发整理进行企业化、商业化的耕地生产经营,实现了有组织、有规模,资源、技术、劳动力有效集中的家庭农场模式。浙江地区耕地经营规模在10亩以上的种植大户已超过6万户,其家庭农场种植规模达 150 亩的占全省耕地总面积的 6% 以上[①]。以浙江省宁波市为例,截至 2012 年底,全市共有 687 户经工商注册登记的家庭农场,净利润达到 2.8 亿元,平均每个家庭农场实现收益 41 万元,其经济效益远高于普通小农经营模式[②]。

浙江地区的家庭农场式耕地规模经营模式是在政府和市场的双重引导下,以利润最大化为目标,以自主经营、自负盈亏为主要形式的企业化农业经营主体。这种方式由政府组织将耕地整合起来,整理开发后运用市场作用进行招标、招租等方式流转土地。这种互补型的模式适用于农村劳动力基本转移、农村耕地大量闲置、缺少务农劳动力的地区。其优点在于一方面规避了政府行政力量过大导致的决策专断、不切合实际的规模经营,另一方面又能防止市场的土地交易无序性,确保耕地规模经营开展的计划性和合理性。但这种模式对于地区经济条件要求较高,不仅要保证大量务农劳动力的劳动转移,也要具有一定的经济实力对耕地进行整合开发。

(三)土地股份合作制

土地股份合作制多是以农业合作社为经营组织,属于集体经济内部的产权制度安排。在坚持家庭联产承包责任制的前提下,秉着自愿有偿、合理合法的原则将农民的承包经营权集体折价入股,以农村集体成员为分红对象。股份合作制的特点在于通过承包经营权入股的方式将零碎的耕地整合到一起,由股份合作社集体经营或集体转让,达到耕地适度规模经营的目的。

广东省佛山市南海区是股份合作制的发源地。20 世纪 80 年代初期,南海区与全国其他地区一样全面推行家庭联产承包责任制,人均占有耕地面积仅 0.6 亩,农户家庭耕地规模也仅约 3 亩,且每户耕地分配均按照耕地质量和地块到家距离插花分布,导致了农户耕地经营规模狭小,耕地零散分布。改革开放以来,珠三角地区经济迅猛发展,第二、三产业迅速崛起。随着工业化、城市化的发展进程,农村劳动力就业结构和农民收入结构发生巨大改变。南海区距广州市仅 30 公里,受周边经济辐射的影响,农村劳动力

---

① 叶琪.我国沿海地区农地规模经营模式比较[J].内蒙古农业大学学报:社会科学版,2005 (4):444.
② 肖俊彦."五化"示范标准,打造现代化农业——宁波市"法人"型家庭农场调查[J].中国经贸导刊,2013 (22):45.

快速转移,外出务工劳动力人数达到农村劳动力总人数的一半以上,从事农业生产的劳动力快速减少,仅占农村劳动力的 20% 左右,非农收入成为农民的主要收入来源。

工业化的快速发展导致农民兼业现象十分普遍,农业生产成为农民的副业,导致农民虽无心经营管理耕地,但又不能放弃耕地,出现粗放管理农业生产,甚至弃耕、闲置的现象。细碎化的耕地分布现状已不再适合当前社会经济和工业化发展的需求,农业发展严重受阻。在这种情况下,南海地区少数村开始尝试农地制度改革,推行股份合作制的经营方式。1993 年,在当地政府的大力引导下,股份合作制开始全面推广,开创了在土地集体所有框架下农民土地经营权参与入股的"南海模式"。截至 2005 年,南海地区先后建立农村股份合作社近 1900 个,其中以村组为单位的经济组织达 1678 个,占南海地区村组总数的 99.8%[①]。股份合作制经营模式的全面推广促进了南海地区将农民拥有的土地折算入股,以集体入股的村组成员为分红对象,将土地从农民手中分离出来,整合集中后由经济组织重新整理规划后有偿承包,其出让土地承包权的农民则根据股权进行分红。

广东南海地区土地股份合作制是在政府和集体引导鼓励下所推行的耕地规模经营模式,这一模式适用于耕地规模经营开展初期,确保农民收益得到保障,农业发展得以持续。这种模式一方面在一定程度上缓解了耕地闲置、荒弃的现象,促进了耕地整合集中、成片经营,改善了细碎化的耕地经营形式;另一方面通过集中整合耕地扩大了农业生产经营单位的基本经营规模,能够有效降低耕地生产成本,提高耕地的经营效率。但股份合作制多以村组为单位,以村组成员集体入股的形式进行经营,监管力度仍显不足。

二、国外耕地规模经营的主要模式

相比我国,国外农业现代化发展较早,耕地规模经营形式相对较多。董雪娇和汤惠君(2015)将国外现有耕地规模经营的形式归纳为两类:一类是以美国、加拿大、澳大利亚等国家和地区为代表的耕地经营规模相对较大的企业化家庭农场;另一类是以日本、韩国、中西欧(除英国)等国家和地区为

---

① 蒋省三,韩俊.土地资本化与农村工业化——南海发展模式与制度创新[M].太原:山西经济出版社,2005:55—56.

代表的耕地经营规模相对较小的中小型家庭农场。本研究主要分析的对象是实行耕地规模经营前与我国耕地经营状况基本相似的国家和地区,即法国、日本、韩国等人地比例较高、耕地经营规模相对较小的国家和地区,以达到借鉴的目的。

（一）法国的耕地规模经营

法国作为中西欧地区发达国家的代表,是欧洲重要的农业大国。但其农业现代化、规模化、产业化发展水平远落后其他中西欧地区发达国家。在法国农业现代化发展过程中,农业经营方式始终以小农经营方式为主,严重阻碍了农业现代化的发展进程。小农经营方式始于1789年的法国大革命,随着封建统治阶级被推翻,王室、教会以及贵族的土地被没收并按照土地均分制度按人口平均分给各个农民,此后法国广泛形成了以小农经营为主的农业生产方式。随着拿破仑《民法典》的颁布,小农土地所有制得到法律保护而长期保留下来。而其主张的土地平等分配的继承制度导致土地的经营规模随着继承分割日益缩小,小土地经营者越来越多。耕地的零碎、狭小和农业生产的分散、细碎日益成为影响农业生产发展的阻碍力量。到1908年,法国生产经营规模在10公顷以下的农户数量占农户总数的8成以上,其中占地不足1公顷的占农户总数的近4成。而农户经营规模在100公顷以上的不到农户总数的1成(杨澜等,2008)。农业生产能力的严重不足导致法国工业化发展十分缓慢,经济发展停滞不前甚至出现倒退。尤其是第二次世界大战后,大批从事农业生产的农村劳动力转移到工业化发展中,农民兼业现象十分普遍。20世纪70年代末期,法国近20%的农场主都拥有第二种职业,农业收入已不再是农民的主要收入来源。同时,从事农业生产的劳动力比例开始大幅缩小,农业劳动力人数在20年之间从403万人下降到190万人,劳动力人数减少一半以上,到1980年,法国从事农业劳动的人数仅占劳动力总数的8.3%。

由于小规模、细碎化的经营方式成为法国工业化发展的障碍,法国开始推行以扩大农场规模为目的的耕地改造。20世纪50年代后,法国开始采取一系列整合集中土地、扩大经营规模的政策,在政府的引导组织下,对零碎的土地进行整合开发,使土地集中成片,建立适度规模的中型家庭农场。其具体政策如下:一是组建由国家控制的"土地整理和农村安置"的区域性非营利性公司,主要从事分散的农民耕地的收购,通过合并、集中,对耕地进行重新整理规划后有偿承包、转租或转卖给需要耕地的人员。二是设立税收和限价等机制限制农场规模的无限扩大,保护中型家庭农场的经济利益和竞争能力,并出台相关法律限制耕地经营面积,强制取消小面积耕地经营。三是为防止农场由土地继承导致的耕地经营规模日益减小,法国颁布新的土地继承制度,规定每个农场仅允许选取一名继承人(农场主配偶或某一个子女)继承农场,其他子女没有继承权,但可以得到一定数额的补偿金。四是设立社会保障制度,保障出让耕地农民的基本生活。为鼓励农民放弃土地,法国政府给予高额补助,并设立"社会福利补助基金",加大力度鼓励老人出让土地,对离开农业的老人实施终身社会保障制度。对于即将达到退休年龄(55~65 岁)和已达到退休年龄(65 岁以上)的农民发放高额的养老金,鼓励其出让土地,给有能力、有需求的农民经营(马生祥,2004;黄廷廷,2012)。通过以上措施的实施,法国有效地改善了耕地细碎化的经营方式,降低了耕地细碎化程度,有效实现了耕地规模经营,农业总收入从 1954年的 140.8 亿法郎增加到 1972 年的 450 亿法郎,成为世界上第二大农产品出口国。

(二)日本的耕地规模经营

日本农业生产模式主要是以细碎化分散为主导的小规模耕地经营模式,其细碎化的经营方式严重影响了日本经济的发展。二战后,日本开始实行土地改革,成功推行了"耕者有其田"的农村土地制度,近 9 成的农民拥有自主经营耕地的权利,也导致了耕地细碎化现象的普遍存在。自 20 世纪60 年代以来,随着日本经济的快速复苏,城市工业化开始迅速崛起,大批农村劳动力转移至第二、三产业,务农劳动力人数迅速下降,非农收入成为农民总收入的主要来源。如 1950—1980 年农业人口比例下降 35.6%;1998年农业人口数量仅为 1960 年的 45.7%(焦必方,2000)。为克服自耕农经营模式下农业生产中出现的耕地过于零碎、农民兼业普遍、农业劳动力不足等问题,日本政府出台一系列政策推动发展耕地规模经营:第一,保护农民土地使用权所有,引导土地使用权流动,鼓励农民出租、转让耕地给有能力从事农业生产的专业种植农户,扩大耕地经营规模;第二,由政府组织构建非营利性质的土地管理公司,推进耕地集中化、规模化经营,主要业务是对农民愿意出让的耕地进行收购或租赁,将耕地集中整理后有偿出让或出租给需要耕地的农户,达到耕地规模经营的目的(魏晓莎,2015)。由表 7-1 可知,日本自从鼓励实施耕地规模经营以来,中型耕地规模经营农户数量明显增加。通过一系列政策的推行,日本耕地大量集中经营,不仅有效降低了耕地细碎化程度,而且扩大了耕地经营面积,适应了社会经济发展中对农业的需求,提高了耕地利用效率。

表 7-1 日本推行耕地规模经营前后农户数量变化对比

指标	1985 年	1998 年
农业人口数/万人	1929.80	1130.79
全国农户总数/万户	426.67	329.15
经营面积在 0.5 公顷以下的农户数量/万户	184.50	55.65
经营面积在 5 公顷以上的农户数量/万户	1.93	4.14

数据来源:郭红东.日本扩大农地经营规模政策的演变及对我国的启示[J].中国农村经济,2003(8):77.

(三)韩国的耕地规模经营

韩国于 1949 年实行土地改革,颁布了《土地改革法》,实行"耕者有其田"的土地制度。土地均分制度的实行导致人均耕地面积狭小,耕地呈细碎化分散经营方式,小农经济成为韩国农业生产经营的主要形式。小土地所有制下的自耕农经营导致韩国农业发展缓慢,农村经济发展受阻,形成了高成本、低收入的农业现状,对农业规模化、集约化经营具有负面影响。20 世纪 60 年代,随着韩国工业的快速发展,大批农村劳动力涌入城市,耕地细碎化格局下的小农经营模式已不再适应社会经济和工业的发展进程,城乡差距逐步增大。如 1962 年,韩国人均耕地面积仅为 0.6 公顷,经营不到 1 公顷耕地的农户占劳动力总人口的 67%[①]。这种农村劳动力的大量转移导致农村就业结构和农民收入结构发生转变,农业人口随之快速减少,农民兼业现象普遍存在,农业收入不再是农民收入的主要来源。与此同时,经济的高速增长推动农村大量人口流入城市,农村人口大幅度减少(见图 7-1),许多农村出现了"空壳"现象,农村耕地抛荒现象十分严重(冯献,崔凯,2012)。为解决小农经济体制与农业现代化、社会经济发展的矛盾问题,韩国政府借助法律等力量,颁布一系列促进耕地规模经营的政策法规,通过土地所有权

---

① 强百发.韩国农业现代化进程研究[D].杨凌:西北农林科技大学,2010:56.

转让、出租、共同或委托经营等方式,鼓励小农出让耕地,促进耕地集中整合,扩大单位耕地生产规模,降低耕地细碎化程度,提高农业经济效益[①]。

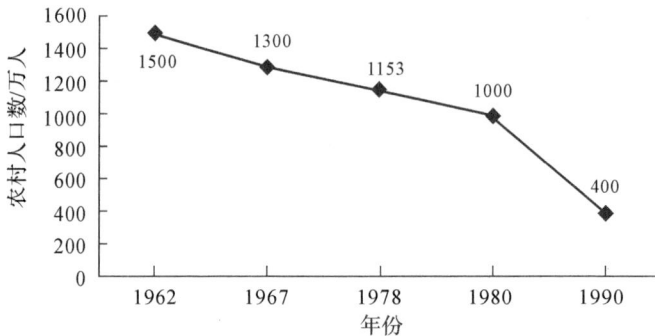

图 7-1 1962—1990 年韩国农村人口数量变化趋势

数据来源:强百发.韩国农业现代化进程研究[D].杨凌:西北农林科技大学,2010:71.

第三节 耕地规模化经营的前提条件

通过上述对我国改革开放以来耕地规模经营以及国外耕地规模经营主要模式的分析发现,在增加单位耕地生产面积、扩大耕地生产经营规模的同时,耕地细碎化程度有不同程度的降低。本研究认为,耕地规模化经营的前提条件有以下四个方面。

一、坚持农村土地集体所有和家庭承包经营制

前文耕地细碎化成因分析结果表明,目前中国农村耕地细碎化,乃至全部农地细碎化的主要社会成因是在推行家庭联产承包责任制的过程中农村集体土地产权的内在矛盾。虽然耕地细碎化带来了一定的生产效率损失,

---

① 韩国农地规模经营的政策效果并不明显,农地规模化经营发展趋势较为缓慢,主要原因是:韩国土地面积较小,耕地资源十分稀缺,通过较大规模的土地整合建立中型家庭农场十分困难。韩国政府虽然采取相应补贴措施和社会保障措施,但在自耕农制度的传统思想下,即使农业生产能力下降,大部分农民仍不愿意出让土地。

但是家庭联产承包责任制还担负着诸多社会功能,如农民基本生存保障、某种意义上的社会公平等;同时,在一些经济不发达的地区,它与生产力发展水平仍然相适应。

因此,在中国农村坚持农村土地集体所有制和家庭联产承包责任制是必要的,"不能在倒洗澡水时把孩子一起倒掉"。

二、农村劳动力有效转移

耕地是农民赖以生存的生产资料,其不仅保证了农民的生活水平和经济来源,同时也解决了农民的就业问题。从上一节耕地规模经营主要模式来看,无论是国内还是国外,推行耕地规模经营的前提条件均是农村劳动力大量转移到第二、三产业,从事非农工作,具有较为稳定的工资性收入,且非农收入成为农民总收入的主要来源,农村劳动力外出就业机会增多导致劳动力对耕地的需求逐渐减弱。

三、农村社会保障功能完善

耕地规模经营的实施需要多数农民出让自己的土地以达到土地的相对集中整合。目前我国并没有较为完善的农村社会保障体系,耕地对于我国农民而言,仍然承担着重要的社会保障功能。通过分析国外推广耕地规模经营的过程可知,完善的农村社会保障体系是确保农民愿意出让耕地的主要基础。因此,推行耕地规模经营的前提条件就是让农民减少对耕地的依赖,用完善的社会保障体系、社区或者政府的经济力量替代土地的社会保障功能。

四、政府的经济和政策扶持

扩大耕地规模经营的前提是耕地集中整合,而耕地集中整理需要大量的资金投入。一方面,长期处于零碎、分散状态的耕地在农业生产过程中由于存在形状不规则、耕地面积狭小等问题,其农业基础设施较为落后,机械化水平较低。另一方面,耕地集中整合后集约化、规模化的农业生产需要大量资金对其进行投入,如耕地重新规划整合、规模化农业基础设施建设等,而一般农户没有较强的经济实力,需要当地政府或地区的财政扶持才能完成规模化耕地经营的转变。

第四节　耕地规模经营的适度性分析

　　传统的小农经济源于我国特定的历史发展阶段与经济发展水平,现阶段小农经营仍有效,但效率日趋下降(贺雪峰,2011)。我国人均耕地面积稀缺(不足世界平均水平的 1/2)、农业经济发展水平滞后,农业生产投入资金不足,农产品供给相对短缺,因此大规模的土地流转不符合我国的国情,不利于增加粮食产量、增加农民收入以及维护乡村社会的基本秩序。所以,强化农业基础设施建设、提高农业生产的机械化与现代化水平、加速农业新技术的推广和普及,应当避免盲目地扩大耕地的经营规模,应当遵循"适度"的原则。然而对于规模经营中多大的经营面积才是最为"适度"的,目前学界暂不存在"普适性"的标准。

　　耕地的适度经营规模应当与不同的规模经营模式相匹配。耕地实现规模经营的途径包括农户间的自发行为(如家庭农场)、以土地参股的农业合作社以及以农业企业为主体的耕地租赁等。对于家庭农场模式而言,劳动力是适度规模经营的短板,农业经营者的文化素质、技术素质和身体素质都必须适应扩大了的土地规模经营的需要,具有重新组合生产要素和组织产品运销的能力。目前,中国农村劳动力的 90% 以上仍属于体力型和传统经验型农民,尚不具备现代化农业生产对劳动者的初级技术要求。绝大多数的农民没有接受过基本的职业技术教育,难以适应规模化农业生产的要求,这在很大程度上限制了耕地经营规模的扩大。对于以土地参股的农业合作社而言,合作社的管理、经营能力以及所获得的金融支持对耕地经营规模有重要影响。一方面,内部管理不规范、农业生产组织能力不高、缺乏集聚和优化配置农业生产要素的能力等限制了合作社耕地利用的规模;另一方面,资金不足也对合作社耕地经营规模产生约束,不利于合作社促农增收作用的持续性发挥。而对以农业企业为主体的耕地租赁模式来说,经营人才的数量与质量、经营风险管控水平等因素对耕地经营规模产生重要影响。此外,农业机械化和现代农业社会化服务组织的发展水平等对上述各类耕地规模经营模式的适度规模产生广泛的影响。

　　因此,耕地适度规模经营应当与当地的资源禀赋、经济水平、资源要素构成、政策环境等相匹配,应当在提高生产率、维护农民权益、兼顾社会公平效益的前提下逐步推进。根据不同经营主体差异化的发展目标、利益诉求,分类开展多元化、多层次的农业适度规模经营。

第五节　推进耕地适度规模经营的对策

本研究虽然验证了在农业较为发达地区的细碎化对耕地利用效率产生的影响,但是从总效率来看,并不否认耕地细碎化存在的合理性。虽然改革开放以来我国在部分地区成功实施了耕地规模经营,但并没有在全国范围内大面积推广实行耕地规模经营,耕地细碎化现象仍然存在综合前文的分析,本书提出以下的政策建议。

一、通过土地整治为耕地规模利用创造基础条件

从对调查区耕地细碎化程度的测度结果可知,农户耕地经营规模较小,人均耕地面积和块均耕地面积仅为 0.96 亩和 0.99 亩。耕地经营分散,户均块数达 4 块。随着农村劳动力的转移、务农劳动力老龄化等问题的出现,调查区还出现弃耕、撂荒或闲置的现象。由此可知,有效推进耕地规模利用仅有两种途径:开发新的农荒地和土地整理。我国农荒地多分布在偏远地区,且开垦时间长、工作量较大,对生态环境也造成一定影响。因此,土地整理是我国目前推进耕地规模利用、提高耕地利用效率的主要途径。根据全国政协人口资源环境委员会专题调研组的计算,我国可通过土地整治增加约 1.7 亿亩耕地(政协全国委员会人口资源环境委员会专题调研组,2001)。

土地整理有三种主要整理类型:农田整理、村庄整理和城镇整理。农田整理主要对形状不整的田块、沟渠和田坎进行归并,通过土地规划重新建立灌溉沟渠、田坎以及其他农业生产设施,将不规则的农田化零为整,不仅增加了耕地面积、减少了耕地面积的浪费,还降低了耕地机械化等农业生产成本。村庄整理主要通过合理规划将布局零散、分布不集中、占有耕地较多的村庄进行集中整合,并对村庄整体结构进行调整,减少村庄的占地面积。村庄整理不仅增加耕地面积,提高耕地利用效率,还改善了农民的生活质量。城镇整理是指通过旧城改造整合闲置土地,增加城镇发展空间,扩大城镇土

地面积,减少城镇外延扩张对耕地的威胁。

总体而言,土地整理是目前我国推进耕地规模利用较为有效的工程方法。在土地整理的过程中,一方面,要加大政府扶持力度,进行专款专拨重点扶持土地整理工作,保证土地整理的资金需求;另一方面,土地整理目前仍处于初级阶段,政策法规仍不完善,国家须出台相应政策鼓励土地管理的推行和实施,并保证土地整理过程中对土地尤其是耕地使用的监管。

二、培育以家庭农场为代表的新型农业经营主体

大力培育和发展家庭农场(自产自销)、专业大户和农业专业合作社,使其成为新兴且主导的经营模式与主体。农户家庭经营仍是我国当前甚至很长一段时间内耕地经营的主要方式,而专业大户和农业专业合作社是未来现代农业发展的重要支撑。应当加大对新型农业经营主体的扶持力度,帮助其稳步扩大耕地经营规模。在农业人力资本方面,通过加强基础教育、加大农业科技人才培养、扩大农业科技普及范围、加大推广力度等措施,培养适应规模化农业生产的各类人才。此外,除采取单一或单向的政策支持或奖励、激励性措施外,更应注重各类新型农业经营主体面对的短板问题,填补缺陷,消除"木桶效应",从而在实现整体引导的基础上提高问题解决的针对性。以对产业规模较大、服务专业化能力突出、示范带头效果明显的专业大户、农业企业进行奖励为基础,对农业补贴、农业资金融通、经营管理水平等方面问题深度挖掘,积极帮扶,帮助新型农业经营主体合理扩大耕地适度经营规模。

三、不断推动农村劳动力城乡间合理流动

实地调查发现,当前农村家庭收入结构已发生转变,非农务工收入成为农村家庭收入的主要来源。农村劳动力剩余是出现这个现象的主要原因。只有减少农村剩余劳动力数量,释放耕地,才能顺利开展耕地规模经营。因此,农村剩余劳动力的有效转移是推行耕地规模经营必要的前提条件。

首先,增加劳动力的投入已经不能提升耕地利用效率,应该推动农村剩余劳动力的合理转移。第六章的分析结果表明:家庭务农劳动力比重与耕地利用效率存在显著的负相关。说明当前农村劳动力存在过剩,增加劳动力的投入已经不能提升耕地利用效率,应当推动农村剩余劳动力的有序合

理转移,这样才能充分发挥农村劳动力的价值。

其次,加快工业化、城镇化进程,为农村劳动力的转移提供方向。一方面,现代工业化的快速崛起为农村剩余劳动力的转移提供了方向。农村劳动力的转移是工业化进程中出现的产物,是工业化发展到一定程度的必要需求。从上述国内外耕地规模经营的主要模式来看,均是由于现代工业化的快速发展带来的大量就业机会促使劳动力大批涌入第二、三产业,促进了农村剩余劳动力的快速发展。另一方面,城镇化的发展为农村剩余劳动力转移提供了主要载体。我国城镇化的发展打破了传统的城乡分割二元社会结构,保障农村劳动力获得自由选择就业的权利,为农村剩余劳动力提供了充足的转移空间。

总体而言,随着我国社会经济、现代工业化、城镇化的不断发展,农村剩余劳动力已经得到了一部分的转移,需要继续认真贯彻习近平总书记提出的全面深化农村改革、加快推进农业现代化的指示精神,做到工业化进程与农村劳动力转移相配合,城镇化发展与农村劳动力转移规模相匹配,努力走出一条农业生产技术先进、耕地经营规模适度、市场竞争能力强的中国特色农业现代化道路。

四、持续完善和创新农民的社会保障制度

本研究在测度耕地细碎化程度时发现,调研区域有不同程度弃耕、撂荒和闲置耕地的现象。走访时了解到选择弃耕、撂荒或闲置的农户有两个基本特征:家庭成员均常年外出务工;家庭主要劳动力常年外出务工,仅剩下年事已高的父母或年幼的子女在家。而这些家庭不愿意转出耕地的主要原因有:外出务工不稳定,没有固定的住所;没有养老保险,耕地是年老后的唯一生活保障。另外,本研究还发现,调查区劳动力兼业现象较为常见,42%的样本户存在兼业现象。出现这一现象的主要原因有:一是外出就业时间不固定,就业流动性大;二是留守家中的务农劳动力年龄较大,劳动力能力不够。总体而言,农户不转出耕地的主要原因是除耕地外无其他社会保障、城市就业不稳定、家庭成员不能全部转移等。因此,完善的社会保障体系是促进农民出让耕地、加快耕地整合集中、推进耕地规模化经营的必要条件。

我国城乡分割的二元社会经济结构将就业、教育、住房、金融以及社会保障等按照城乡人口区分形成了资源割裂配置的二元户籍制度,导致农村

劳动力外出就业、转移十分困难。首先,城乡户籍制度差异导致农村劳动力转移后仍不能享有与城市人口平等的社会保障和公共服务。其次,二元户籍制度阻碍了农村劳动力对子女教育、住房保障、医疗保障等公共福利的获取,高昂的生活成本让劳动者不得不将子女、妻子以及老人置于农村,造成农业生产劳动力老龄化、少龄化的现象,严重阻碍了农业生产水平的提高。最后,二元户籍制度导致农村劳动力就业不平等,城乡分割下的就业信息不对称导致农村劳动力外出就业不稳定、不及时,造成了农村劳动力常年迁徙就业、工作更换频繁,同时也造成了农业生产的劳动力兼业现象普遍,农业生产经营管理粗放。因此,二元户籍制度以及社会保障制度的改革是进一步释放农村剩余劳动力,改善耕地利用状况、提高耕地利用效率、发展现代化农业的关键内容。

首先,我国须逐步消除城乡分割下的二元户籍制度,消除城乡户籍差异,开放城镇落户要求,加快落实中小城市尤其是城镇以及县城的落户政策,完善户口迁移政策。其次,加快城市社会保障制度的改革,对转移到城市的农村劳动力,根据职业、就业时间和居住时间放宽对其子女教育、住房保障、医疗保障等公共福利的获取条件,保证农村劳动力与城市劳动力享有平等的社会保障。最后,以均等社会保障为目标,加快完善全国社会保障体系,制定统一、平等的社会保障制度,以各个地区为社会保障制度的基本单位,保证在同一地区内城乡人口就业、生活无差异,消除农村与城市户籍享有的社会保障的差异。

五、深化农地制度改革及优化耕地资源配置

通过调查发现,特别是在平原地区,单块耕地由多个农户共同经营的现象十分普遍,而几个相邻的田块由一个家族的多个农户共同经营的现象也十分常见。此外调查发现,部分农户有出租耕地的意愿,也有私下口头出租耕地的现象,但由于没有正规的交易平台,耕地流转较慢、出租率低。因此要深化农地制度改革,一方面鼓励部分农户出让耕地,逐步转变单块耕地由多农户分散经营的低效利用状况,促进耕地整合,进而推行耕地规模经营;另一方面建立正规的土地交易平台,建立土地流转渠道,保障农民的合法权益,加快耕地整合速度。

我国农地制度改革始终围绕着产权问题展开,而农村土地制度改革无

法大步推进也是因为农村土地产权不明确。我国土地产权一般分为土地所有权、土地承包经营权。其中,土地所有权归农村集体所有,土地承包经营权归农民所有。党的十七届三中全会指出,我国在土地公有制基础上,坚持土地所有权归农村集体所有,土地承包经营权归农民个人所有,充分保护农民土地权益不受侵害,并明确指出转包、出租、互换、股份合作等形式的土地承包经营权为农民所有。党的十八届三中全会进一步指出,要深化土地改革,依法赋予农民应有的土地权益,尽快完成农村土地承包经营权确权颁证工作,促进农村生产方式转变。通过土地承包经营确权证的颁发,明确赋予农民对承包地的各种权益,使之成为农民最可靠的法定、经营资产。由此可知,农地制度的深化改革赋予耕地除耕种以外的资源配置功能,耕地由固定不变、只能耕作生产的土地转变为可以流通的特殊商品。农民对耕地支配方式的多样化促使耕地更加趋于优化配置,促进了耕地的整合集中和规模利用。首先,要明确农村土地的所有权主体。只有在土地所有权明确的前提下,耕地才能真正合理流通、优化配置。其次,我国应尽快完成农村土地确权登记颁证工作,使耕地在进行市场流通时有法可依,有证可拿,更加有效稳固地促进耕地资源合理分配。再次,我国应由政府引导建立如土地交易中心、土地流转所等土地交易平台,为整合耕地资源提供媒介。最后,我国还应对现有土地继承制度进行改革,防止耕地的进一步细碎化。在这一点上可借鉴法国的做法,法国在推行耕地规模利用时废除了原有的土地继承制,规定每个家庭仅允许一个适合的继承人继承耕地,其他子女仅可以获得补偿。随着我国农村劳动力的不断转移,土地继承制度也应随之改革,加快耕地规模化经营的推广。

六、加大对耕地适度经营规模主体的金融支持

本研究在对耕地细碎化和耕地利用效率进行测度时发现,调查区耕地细碎化程度普遍较高,耕地利用效率普遍偏低。从农民家庭收入情况可知,农业经营性收入不再是主要的家庭收入来源,农民纯农业收入大部分较低(调查区大部分样本户人均农业纯年收入在 1500 元以下)。从调查结果可知,务农劳动力整体处于老龄化状态(样本农户务农劳动力平均年龄为 52 岁),务农劳动力水平不高导致耕地的低效利用。此外,细碎化的经营方式阻碍了农业的现代化发展,资金的匮乏阻碍了耕地的集中整合,从而影响了

耕地规模化经营的发展进程。

农村土地金融在如美国、德国、法国、日本等国家和地区发展较为成熟,在我国还尚在探索阶段。而农村土地证券化作为农村土地金融中不动产证券化的一种,不仅利于我国规模化农业的转型,还有助于吸引外来资本、技术人才进入农村,从而实现土地经营权与其他要素平等价值的比较。不动产证券化是指将事实和法律上均不可移动、价值较高的不动产转换为面额较小、方便流通的证券。其中,除不可移动的物理特性,数量稀缺和价值依附也是不动产的主要特征。而在不动产证券化的概念下,将农村土地这一难以移动,且数量稀缺、价值较难体现的不动产转化为可流通、可交易的金融产品,优点有以下几点:一是农村土地证券化可以丰富土地经营方式,实现规模经营方式多样化;二是农地不动产证券化能充分体现土地自身价值,增加农业发展融资途径;三是盘活农村土地,增加农民财产性收入,逐渐缩小城乡差距,实现城乡协调发展。

农村土地证券化的前提条件主要有以下几点:第一,耕地面积狭小,耕地利用效率不高;第二,耕地细碎化程度普遍偏高,农业生产成本较高;第三,资金短缺,农业现代化发展受制约(张光宏,赵小睿,2016)。从本研究调查结果可以得出,调查区耕地细碎化问题严重、耕地利用效率较低且农业生产成本高的情况符合推行农地不动产证券化的前提条件。而从实行耕地规模化经营的前提条件可知,耕地规模化经营不仅需要农村劳动力的有效转移、社会保障体系的不断完善,同样还需要大量的资金和经济扶持。农地不动产证券化的推进不仅促进了以耕地抵押为特征的耕地集中整合,也为实行耕地规模化经营注入外来资金。首先,以耕地抵押为主要内容的农地金融体制下的农地证券化丰富了农地流转方式,其对应的农地证券机构为耕地整合和集中提供了有效途径。一方面为农村劳动力已转移,不再从事农业生产活动的家庭出租、转让耕地提供了正规途径;另一方面也为需要扩大耕地经营规模,开展家庭农场等新型耕地规模化经营的耕地需求者提供了可用的耕地资源。其次,农地证券化的推进一方面是直接与农户进行交易,从农户手中获取零散的耕地重新规划整合,另一方面作为金融媒介收集土地后直接发行证券、股票、债券等农地金融产品或整合后再次向金融机构进行交易以获得相应的资金。因此,农地证券化不仅直接有效地对耕地进行整合,而且也通过与市场交易获取资金来补贴农民收入或进行耕地规划和农业基础设施建设,为耕地规模化经营提供了经济支持。

第六节 本章小结

本章主要研究了耕地细碎化的解决路径,即耕地的适度规模经营,分别从耕地规模经营的必然性、国内外耕地规模经营的主要模式、耕地规模化经营的前提条件、耕地规模经营的适度性分析、推进耕地适度规模经营的对策五个方面来具体阐述。

其中,我国耕地规模经营模式包括以浙江地区为代表的家庭农场式、以广东佛山南海为代表的土地股份合作制和以闽东南地区为代表的"反租倒包"式三类。耕地规模化经营的前提条件主要有:坚持农村土地集体所有和家庭承包经营制、农村劳动力有效转移、农村社会保障功能完善以及政府的经济和政策扶持。最后提出关于推进耕地适度规模经营的对策,主要包括:通过土地整治为耕地规模利用创造基础条件,培育以家庭农场为代表的新型农业经营主体,不断推动农村劳动力城乡间合理流动,持续完善和创新农民的社会保障制度,深化农地制度改革及优化耕地资源配置,以及加大对耕地适度经营规模主体的金融支持。

第八章　研究结论与展望

本研究以河南省农业较为发达的粮食主产县为例,以农户为研究对象,在随着社会经济发展农村劳动力开始转移的背景下从微观层面探讨细碎化是否对耕地利用效率产生影响。本研究利用问卷调查的方式,采用面对面访谈、电话访谈等调查方法,基于规模经济理论、土地集约利用理论、现代经济效率理论等理论基础,利用第一手资料,通过统计分析和计量经济分析等分析方法深入探讨了耕地利用效率与耕地细碎化之间的关系,并通过国内外耕地规模经营的相关案例总结了降低农地细碎化程度、提高耕地利用效率的前提条件,并根据推行耕地规模经营的前提条件提出针对性的政策建议。

一、研究结论

通过以上各章定性分析和定量分析,得出以下主要结论:

第一,应用比较历史分析方法,通过对我国土地利用的历史演变分析发现:一是由生产技术水平决定的人类征服、改造自然的能力,即生产力发展水平和人地关系,共同决定着土地制度的形成和发展;二是人地关系是推动土地细碎化的根本原因,与土地所有制没有直接关系;三是土地的异质性是土地细碎化形成的前提条件;四是土地所有权和使用权的分离、社会经济发展水平与土地细碎化密切相关;五是土地细碎化并不必然导致土地利用效率和农业生产效率的降低。

第二,对耕地细碎化和耕地利用效率进行测度发现,样本区耕地利用效率基本偏低,耕地生产投入比例不合理。从生产视角运用数据包络分析法构建了耕地利用效率评价指标体系,耕地利用效率测度结果表明,在调查区中耕地利用效率普遍偏低。

第三,通过计量经济模型等统计分析发现:一是耕地细碎化与耕地利用效率呈负相关,即耕地细碎化指数越大,耕地细碎化程度越低,耕地利用效率越高。二是耕地质量等级值越高,耕地利用效率越高。三是劳动者的年龄与耕地利用效率呈负相关。虽然劳动者随着年龄的增长农业生产经验不断丰富,但是体力逐渐下降,运用先进技术的能力下降,必然影响耕地利用效率的提高。四是耕地利用效率与农户的非农收入呈负相关,表明农户的劳动力投入在非农领域影响了耕地效利用效率的提高。五是耕地利用效率与耕地资本投入之间呈显著负相关,耕地的资本投入并未如本研究预期的方向一样,对耕地利用效率产生正面影响,其原因是农户在农业生产中过度使用农药、化肥等农业化学品等,表明耕地利用效率并未随着农业、化肥和杀虫剂等投入水平的提高而同比提高。模型结果通过了多种稳健性检验。

第四,耕地适度规模经营的必然性和前提条件。通过对我国改革开放以来较为成功的三种耕地规模经营模式——家庭农场、土地股份合作制、"反租倒包"的比较分析,以及对国外发达国家耕地规模经营的成功经验总结发现,推行耕地规模化经营以降低细碎化程度、提高耕地利用效率的前提条件是农村劳动力得到有效转移,农民非农收入稳定,农业收入不再是农民总收入的主要来源,农民对土地的依赖性降低。

第五,推动耕地适度规模经营的政策建议:通过土地整治为耕地规模利用创造基础条件,培育以家庭农场为代表的新型农业经营主体,不断推动农村劳动力城乡间合理流动,持续完善和创新农民的社会保障制度,深化农地制度改革优化耕地资源配置,以及加大对耕地适度经营规模主体的金融支持。

二、研究展望

第一,研究视角多样化。为了使研究问题相对明确,本研究是从生产视角展开的,可以使研究结果具有横向可比性。研究细碎化问题还有很多角度。例如,从增加农民收入、社会稳定角度来看,耕地细碎化也许是一个积极因素:因为在农业比较收益低下的条件下,农户撂荒或者部分撂荒若干地块,而从事非农业劳动也可能增加农民的收入;同时,农户拥有的耕地虽然零碎分散,但它满足了土地平均化的要求,一定程度上支撑了农村社会的稳定。很显然,这一视角的研究应当是另一个课题。再例如从生态环境保护的角度来看,耕地细碎化可能具有两面性:一方面,细碎化的耕地可以进行多种作物的间作，阻隔了病虫害的快速传播，保护了环境也提高了耕地生态效率；另一方面，耕地细碎化阻碍了水土保持工程的实施，增加了水土流失的风险，生态环境风险也随之增加。

第二，研究区域可进一步扩展。因时间的局限性，本研究样本的选取仅局限在中原粮食主产区，代表性还不是十分充分。农村土地确权登记工作正在进行，其成果有可能对本领域的研究有重要的意义，不仅可以用来研究耕地的细碎化问题，对研究其他农地，甚至是宅基地的细碎化问题，都有重要的意义。因此在未来的研究中，通过梳理农村土地确权登记成果资料，可以对农村土地的细碎化问题有全面、系统的认识。

第三，数据时间为 2014 年，是横截面数据，没有时间段，未能反映变量的纵向变化。

总之，耕地细碎化问题涉及方方面面，全面深入地研究这一问题还有很长的路要走，有很大的研究空间。

参考文献

一、中文文献

毕宝德,2001.土地经济学[M].4 版.北京:中国人民大学出版社.

卜凯,1937.中国土地利用[M].上海:商务印书馆.

蔡昉,李周,1990.我国农业中规模经济的存在和利用[J].当代经济科学(2):25-34.

陈百明,周小萍,2007.《土地利用现状分类》国家标准的解读[J].自然资源学报(6):995-999.

陈海清,1992."有偿两田"承包的实践与体会[J].中国农村经济(7):37-39.

陈晗阳,2009.太平天国《天朝田亩制度》实施问题研究[D].南京:南京农业大学.

陈吉元,陈家骥,杨勋,1993.中国农村社会经济变迁(1949—1989)[M].太原:山西经济出版社.

陈吉元,韩俊,等,1996.人口大国的农业增长[M].上海:上海远东出版社.

陈荣,1995.城市土地利用效率论[J].城市规划汇刊(4):28-33.

陈卫东,2002.试论毛泽东农业合作化思想及其现实意义[D].武汉:华中师范大学.

陈锡久,王国学,2002.试析毛泽东土地革命路线的形成[J].黑河学刊(5):16-18.

董平,2012.中共第一代领导人对我国阶级阶层的分析[D].长春:东北师范大学.

董雪娇,汤惠君,2015.国内外农地规模经营述评[J].中国农业资源与区划(3):62-71.

杜敬,1985.关于"五四指示"和《中国土地法大纲》的几个问题[J].天津社会科学(3):20-24.

段凌燕,2013.土地细碎化条件下的土地管理及小农经济模式[J].现代化农业(9):23-25.

冯献,崔凯,2012.日韩农地规模经营的发展及其对中国的启示[J].亚太经济(6):77-80.

傅晓,2008.我国农村土地承包经营权流转的现状、难点和建议[J].湖北经济学报人文社会科学版(3):17-18.

高斐,2015.农业合作化运动中农民的利益发展与政治认同[J].河南师范大学学报:哲学社会科学版(4):12-17.

高敏,1981.关于曹魏屯田制的几个问题[J].史学月刊(1):25-32.

高照明,2005.农业合作化运动评析——从技术、制度与经济的关系角度[J].江苏科技大学学报:社会科学版(1):57-60.

葛福东,2006.家庭联产承包责任制的历史轨迹与未来走向[D].长春:吉林大学.

宫清玲,2013.论高级农业生产合作社的发展过程、成绩及偏差[D].大连:辽宁师范大学.

郭海霞,任大鹏,2008.我国农地经营细碎化问题研究[J].求实(3):86-88.

郭红东,2003.日本扩大农地经营规模政策的演变及对我国的启示[J].中国农村经济(8):73-78,80.

郭万海,蔡立强,贺方浦,等,2003.适应就业形式变化 完善社保管理机制[J].中国社会保障(6):22-23.

郭文韬,陈仁端,1999.中国农业经济史论纲[M].南京:河海大学出版社.

郭毅生,1981.《天朝田亩制度》的经济背景及其性质——关于农民平均主义的评价问题[J].历史研究(3):91-104.

韩荣璋,1997.统分结合双层经营体制与农业的两个飞跃[J].马克思主义研究(1):44-46.

何玉叶,1999.减租减息:抗日战争时期中国共产党的土地政策[J].南通大学学报:社会科学版(3):93-95.

黄琨,2006.中国共产党土地革命的政策与实践(1927—1929)[J].长白学刊(4):88-91.

黄贤金,1998.论农用地产权安全与农业持续发展[J].不动产纵横(3):18.

黄延廷,2010a.论农村土地流转形式中的反租倒包[J].特区经济(4):174-175.

黄延廷,2010b.农地规模经营中反租倒包的土地流转方式的必然性[J].管理现代化(2):47-49.

黄延廷,2012.从法国摆脱小农式发展的实践谈我国农地规模化经营的对策[J].湖南师范大学社会科学学报(5):5-9.

黄宗智,2004.法典、习俗与司法实践:清代与民国的比较[M].上海:上海书店出版社.

蒋省三,韩俊,2005.土地资本化与农村工业化——南海发展模式与制度创新[M].太原:山西经济出版社.

焦必方,2000.日本农地规模化经营的动向分析[J].中国农村经济(7):69-76.

金继运,2005.我国肥料资源利用中存在的问题及对策建议[J].中国农技推广(11):4-6.

金家瑞,1955.西晋的占田制[J].史学月刊(11):7-12.

金勇进,杜子芳,蒋妍,2015.抽样技术[M].4版.北京:中国人民大学出版社.

亢志华,陈海霞,刘华周,2009.以提高土地产出率、劳动生产率、资源利用率来发展现代农业[J].江苏农业科学(5):322-324.

雷国平,刘子宁,2014.基于 DEA-Tobit 两步法的耕地生产效率研究[J].东北农业大学学报(12):82-87.

李根蟠,1989.井田制及相关诸问题[J].中国经济史研究(2):17-38.

李功奎,2006.农地细碎化、劳动力利用与农民收入——基于江苏省经济欠发达地区的实证研究[D].南京:南京农业大学.

李海新,2005.论抗日战争时期的减租减息政策[J].石家庄经济学院学报(1):118-123.

李嘉图,1972.政治经济学及赋税原理[M].北京:商务印书馆.

李明艳,2009.农村劳动力转移对农地利用效率的影响研究[D].南京:

南京农业大学.

李庆东,王秋兵,钱凤魁,等,2010.农户耕地经营细碎化分析——以辽宁省昌图县为例[J].广东农业科学(6):230-232.

李婷婷,2011.大生产运动起因和意义分析[J].福建党史月刊(6):45-46.

李永芳,2005.晋冀鲁豫抗日根据地的减租减息运动[J].中国社会经济史研究(4):90-95.

林淼,2011.陕甘宁边区减租减息运动研究[D].延安:延安大学.

林淼,2006.论家庭联产承包责任制土地制度的绩效与创新[D].南京:南京师范大学.

林庭芳,卢军,2004.以毛泽东阶级分析的方法认识现阶段中国社会阶层结构的新变化——读毛泽东《中国社会各阶级的分析》的体会[J].毛泽东思想研究(1):88-91.

林毅夫,1994.90年代中国农村改革的主要问题与展望[J].管理世界(3):139-144.

刘法威,2008.平均地权的理论和实践研究[D].南京:南京农业大学.

刘宁,2005.试析抗日战争时期中国共产党减租减息土地政策[J].辽东学院学报:社会科学版(5):45-48.

刘秋霞,1997.太平天国田赋制度的变革[J].中州学刊(5):130-132.

刘涛,曲福田,金晶,等,2008.土地细碎化、土地流转对农户土地利用效率的影响[J].资源科学(10):1511-1516.

刘钦普,2017.中国化肥面源污染环境风险时空变化[J].农业环境科学学报(7):1247-1253.

刘新卫,2005.农地资源集约利用及其评价浅探[J].国土资源情报(8):5-10.

刘新卫,2007.土地资源集约利用的科学内涵[J].国土资源(2):22-25.

龙盛运,1958.太平天国后期土地制度的实施问题[J].历史研究(2):35-54.

龙盛运,1963.关于太平天国的土地政策[J].历史研究(6):65-84.

陆柳霖,卢远,2011.基于GIS和熵值法的农用地利用效率评价[J].广西师范学院学报:自然科学版(4):55-61.

栾冰冰,2009.中国共产党早期土地政策研究——从大革命到土地革命[D].济南:山东大学.

栾成显,2007.明代黄册研究[M].北京:中国社会科学出版社.

罗红云,2013.人民公社时期农地制度变迁的经济学解释——基于制度经济学视角[J].开发研究(5):75-79.

马克思,2004.资本论:第一卷[M].中共中央马克思恩格斯列宁斯大林著作编译局,编译.北京:人民出版社.

马克思,恩格斯,1957.马克思恩格斯全集:第二卷[M].中共中央马克思恩格斯列宁斯大林著作编译局,编译.北京:人民出版社.

马克思,恩格斯,1995.马克思恩格斯选集:第三卷[M].中共中央马克思恩格斯列宁斯大林著作编译局,编译.北京:人民出版社.

马生祥,2004.法国现代化[M].石家庄:河北人民出版社.

马歇尔,2009.经济学原理[M].彭逸林,等译.北京:人民日报出版社.

毛泽东,1991.毛泽东选集:第一卷[M].北京:人民出版社.

毛泽东,1996.毛泽东文集:第四卷[M].北京:人民出版社.

皮埃尔·米盖尔,1985.法国史[M].蔡鸿滨,等译.北京:商务印书馆.

漆侠,1982.宋代封建租佃制及其发展[J].陕西师范大学学报:哲学社会科学版(4):48-63.

强百发,2010.韩国农业现代化进程研究[D].杨凌:西北农林科技大学.

屈小博,2009.不同规模农户生产技术效率差异及其影响因素分析——基于超越对数随机前沿生产函数与农户微观数据[J].南京农业大学学报:社会科学版(3):27-35.

屈学书,2014.我国家庭农场发展问题研究[D].太原:山西财经大学.

任志强,2009.明以降农村土地细碎化研究[J].农业考古(4):192-198.

沙健孙,1981.我国农业合作化运动的历史经验[J].北京大学学报:哲学社会科学版(5):11-24.

石晶,李林,2013.基于DEA-Tobit模型的中国棉花生产技术效率分析[J].技术经济(6):79-84.

宋徽瑾,2005.高级农业生产合作社探讨[D].桂林:广西师范大学.

苏星,1980.我国农业的社会主义改造[M].北京:人民出版社.

苏旭霞,王秀清,2002.农用地细碎化与农户粮食生产——以山东省莱西市为例的分析[J].中国农村观察(3):22-28.

隋东廷,2012.孙中山民生思想研究[D].昆明:昆明理工大学.

孙雁,赵小敏,2010.分宜县土地细碎化的中观尺度研究[J].中国土地科学(4):25-31.

谭淑豪,曲福田,尼克·哈瑞柯,2003.土地细碎化的成因及其影响因素分析[J].中国农村观察(6):24-30,74.

陶林,2004.土地制度变迁视角下的家庭联产承包责任制[D].南京:南京师范大学.

万广华,程恩江,1996.规模经济、土地细碎化与我国的粮食生产[J].中国农村观察(3):31-36.

王海燕,濮励杰,2011.土地细碎化问题研究浅析[C]//发挥资源科技优势保障西部创新发展——中国自然资源学会学术年会.

王晖,2005.农地股份合作制:中国农地适度规模经营[J].学术交流(8):84-86.

王景新,2001.中国农村土地制度的世纪变革[M].北京:中国经济出版社.

王静,2005.农地利用社会效益评价的理论与方法研究[D].北京:中国农业大学.

王俊斌,2009.改造农民:中国农业合作化运动研究[D].北京:首都师范大学.

王明前,2006.《天朝田亩制度》"田政"考辨[J].中国农史(4):55-62.

王松霈,郭明,1981.论"包产到户"和"包干到户"[J].经济研究(10):43-49.

王先进,1990.土地法全书[M].长春:吉林教育出版社.

王兴稳,钟甫宁,2008.土地细碎化与农用地流转市场[J].中国农村观察(4):29-34.

王秀清,苏旭霞,2002.农用地细碎化对农业生产的影响——以山东省莱西市为例[J].农业技术经济(2):2-7.

王雅馨,2013.新中国成立初期农业合作化运动的影响[J].社会科学家(7):138-141.

王祖力,肖海峰,2008.化肥施用对粮食产量增长的作用分析[J].农业经济问题(8):65-68.

魏程琳,2015.土地细碎化治理与农地制度变革——基于桂北F县农村调研[J].北京社会科学(5):90-97.

魏千志,丁博生,1953.太平天国的"天朝田亩制度"是否实行? 对土地问题究竟如何处理? [J].史学月刊(3):16.

魏晓莎,2015.日本农地适度规模经营的做法及借鉴[J].经济纵横(5):124-128.

吴次芳,郑娟尔,罗罡辉,2006.平均地权思想回顾及其启示[J].中国土地科学(3):54,61-64.

吴玲,王晓为,梁学庆,2006.人民公社阶段的农地产权制度变迁及其绩效[J].中国农学通报(11):480-484.

吴森,王家铭,2012.家户经营模式下的农产品质量安全风险及其治理[J].农村经济(1):21-25.

吴振晶,2008.人民公社时期农地制度变迁研究[D].天津:南开大学.

夏敏,2000.农地适宜性评价专家系统研究[D]. 南京:南京农业大学.

肖俊彦,2013."五化"示范标准,打造现代化农业——宁波市"法人"型家庭农场调查[J].中国经贸导刊(22):45-48.

肖一平,郭德宏,1981.抗日战争时期的减租减息[J].近代史研究(4):73-87.

谢麓彬,蒋舜尧,2002."平均地权"思想的提出及其要义——国民革命家孙中山农民—土地思想评述之一[J].湖北农学院学报(3):249-251,256.

徐畅,2013.孙中山农村土地问题的理念:从"平均地权"到"耕者有其田"[J].徐州工程学院学报:社会科学版(3):31-36.

徐琴,2003.农村土地的社会功能与失地农民的利益补偿[J].江海学刊(6):75-80.

徐文俊,2015.毛泽东农业合作化思想的再认识及其启示[D].杭州:浙江财经大学.

徐秀英,李兰英,李晓格,等,2014.林地细碎化对农户林业生产技术效率的影响——以浙江省龙游县竹林生产为例[J].林业科学(10):106-112.

许庆,田士超,邵挺,等,2007.土地细碎化与农民收入:来自中国的实证研究[J].农业技术经济(6):67-72.

许庆,田士超,徐志刚,等,2008.农地制度、土地细碎化与农民收入不平等[J].经济研究(2):83-92.

薛龙,刘旗,2012.基于 DEA-Tobit 模型的河南省粮食生产效率分析[J].河南农业大学学报(6):700-704.

杨澜,付少平,蒋舟文,2008.法国小农经济改造对中国的启示[J].世界农业(10):49-51.

叶春辉,许庆,徐志刚,2008.农地细碎化的缘由与效应——历史视角下的经济学解释[J].农业经济问题(9):9-15.

叶琪,2005.我国沿海地区农地规模经营模式比较[J].内蒙古农业大学学报:社会科学版(4):443-447.

衣爱东,姜法竹,2005.我国农地制度的变迁与发展趋势分析[J].农场经济管理(6):32-34.

伊特韦尔,米尔盖特,纽曼,1996.新帕尔格雷夫经济学大辞典第二卷:E—J[M].北京:经济科学出版社.

俞宏标,1990.从"五四指示"到《中国土地法大纲》[J].历史教学问题(6):18-22.

张春海,井荣,2013.农村人民公社化运动失败原因探析[J].延安大学学报:社会科学版(5):42-46.

张光宏,赵小睿,2016.台湾地区农地不动产证券化分析及启示[J].农业经济问题(4):81-86.

张海鑫,杨钢桥,2012.耕地细碎化及其对粮食生产技术效率的影响——基于超越对数随机前沿生产函数与农户微观数据[J].资源科学(5):903-910.

张剑荆,1995.农业能否成为投资热点[J].社科信息文荟(22):12.

张金龙,2015.北魏均田制研究史[J].文史哲(5):108-127.

张泰城,刘家桂,2006.井冈山斗争时期土地革命的创新及其影响[J].农业考古(6):63-67.

张霞,2010.民国农业问题研究的"技术派":卜凯视野下的中国农村与农业[J].贵州社会科学(9):116-121.

张新民,2010.有机菜花生产技术效率及其影响因素分析——基于农户微观层面随机前沿生产函数模型的实证研究[J].农业技术经济(7):60-69.

张尹君杰,卓建伟,2008.土地细碎化的正面与负面效应的双重论证——基于河北省农户固定观察点资料的实证研究[J].江西农业大学学报:社会科学版(4):25-29.

赵德馨,1981.论太平天国的"着佃交粮"制[J].中国社会科学(2):107-118.

赵冈,2003.历史上的土地制度与地权的分配[M].北京:中国农业出版社.

赵凯,2011.论土地细碎化及其定量测定方法[J].中国土地科学(10):35-39,88.

郑有贵,2000.土地改革是一场伟大的历史性变革——纪念《中华人民共和国土地改革法》颁布50周年[J].当代中国史研究(5):6-16.

政协全国委员会人口资源环境委员会专题调研组,2001.加大土地整理力度,实现土地资源集约利用——关于土地整理与可持续发展的调研报告[J].资源·产业(2):5-7.

中共中央文献研究室,国务院发展研究中心,1992.新时期农业和农村工作重要文献选编[M].北京:中央文献出版社.

中共中央政策研究室农业部、农村固定观察点办公室,2010.全国农村固定观察点调查数据汇编(2000—2009年)[M].北京:中国农业出版社:12.

周诚,1989.土地经济学[M].北京:农业出版社.

周海燕,2012.记忆的政治——大生产运动再发现[D].南京:南京大学.

周锡锋,2010.人民公社化运动起源探析[D].开封:河南大学.

周应堂,韩美贵,2006.农业特色经济理论问题研究[J].农业现代化研究(2):115-118.

周应堂,王思明,2008.中国土地零碎化问题研究[J].中国土地科学(11):63-67.

周约三,1982.土地改革对消灭封建关系及发展生产力的意义——纪念《中华人民共和国土地改革法》公布三十二周年[J].史学月刊(4):57-63.

朱启臻,胡鹏辉,许汉泽,2014.论家庭农场:优势、条件与规模[J].农业经济问题(7):11-17.

朱绍侯,2004.论汉代的名田(受田)制及其破坏[J].河南大学学报:社会科学版(1):35-40.

朱晓,2009.江苏省耕地集约利用时空变化特征分析[D].南京:南京农业大学.

朱有志,向国成,1997.中国农地制度变迁的历史启示[J].中国农村经济(9):19-23.

竺培升,1983.王莽"王田"制的实质[J].中南民族大学学报:人文社会科学版(1):61-63.

邹萍,2003.论明清福建地区的一般租佃制[J].福建论坛:人文社会科学版(3):93-99.

二、外文文献

Abdi H，Williams L J, 2010. Principal component analysis[J]. Wiley Interdisciplinary Reviews：Computational Statistics (4):433-459.

Agarwal S K, 1972. Economics of Land Consolidation in India[M]. New Delhi：Chand.

Ali D A，Deininger K，Ronchi L，2015. Costs and benefits of land fragmentation：Evidence from Rwanda[J]. World Bank Policy Research Working Paper 7290:1-30.

Bently J W, 1987. Economic and ecological to land fragmentation：In defence of a much-aligned phenomenon[J]. Annual Review of Anthropology (1):31-67.

Bently J W, 1990. Would't you like to have all of your land in one place? Land fragmentation in Northwest Portugal[J]. Human Ecology (1):51-79.

Binns B O, 1950. The Consolidation of Fragmented Agricultural Holdings：An FAO Study[M]. Washington D. C. ：Food and Agriculture Organization of the United Nations.

Bizimanal C，Nieuwoudt W L，Ferrer S R, 2004. Farm size, land fragmentation and economic efficiency in Southern Rwanda[J]. Agrekon (2):244-262.

Blarel B, Hazell P, Place F, et al. , 1992. The economics of farm fragmentation: Evidence from Ghana and Rwanda[J]. The World Bank Economic Review (2):233-254.

Bryant C R, 1974. The anticipation of urban expansion [J]. Geographia Polonica, 28:93-115.

Buck J L, 1937. Land Utilization in China[M]. London: Oxford University Press.

Buck J L, 1930. Chinese Farm Economy[M]. Shanghai: Willow Pattern Press.

Byiringiro F, Reardon T, 1996. Farm productivity in Rwanda: Effects of farm size, erosion and soil conservation investment[J]. Agricultural Economics (2): 127-136.

Charnes A, Cooper W W, Rhodes E, 1978. Measuring the efficiency of decision making units[J]. European Journal of Operational Research (6):429-444.

Crist R E, Thompson K, 1964. Farm fragmentation in Greece[J]. Geographical Review(3):449.

Di Falco S, Penov I, Aleksiev A, et al. , 2010. Agrobiodiversity, farm profits and land fragmentation: Evidence from Bulgaria[J]. Land Use Policy(3):763-771.

Dijk T V, 2003. Scenarios of central European land fragmentation[J]. Land Use Policy (2):149-158.

Dovring F, 1960. Land and Labor in Europe in 1900-1950[M]. The Hague: Martinus Nyhoff.

Fenoaltea S, 1976. Risk, transaction costs, and the organization of medieval agriculture[J]. Exlorations in Economic History (2):129-151.

Fleisher B, Liu Y H, 1992. Economics of scale, plot size, human capital and productivity in Chinese agriculture[J]. Quarterly Review of Economics and Finance(2):112-123.

Hazarika J, Alwang J, 2003. Access to credit, plot size and cost inefficiency among smallholder tobacco cultivators in Malawi [J].

Agricultural Economics (1):99-109.

Helfand S M, Levine E S, 2004. Farm size and the determinants of productive efficiency in the Brazilian Center-West [J]. Agricultural Economics(2):241-249.

Heston A, Kumar D, 1983. The persistence of land fragmentation in peasant agriculture: An analysis of South Asian case[J]. Exploration on Economic History(2):199-220.

Hristov J, 2009. Assessment of the impact of high fragmented land upon the productivity and profitability of the farms: The case of the macedonian vegetable growers [D]. Ultuna: Swedish University of Agricultural Sciences.

Hung P V, Macaulay T G, Marsh S P, 2007. The economics of land fragmentation in the north of Vietnam [J]. Australian Journal of Agricultural and Resource Economics(2):195-211.

Igozurike M U, 1974. Land tenure, social relations and the analysis of spatial discontinuity[J]. Area (2):132-136.

Jabarin A S, Epplin F M, 1994. Impacts of land fragmentation on the cost of producing wheat in the rain-fed region of northern Jordan[J]. Agricultural Economics (2-3):191-196.

Januszewski J, 1968. Index of land consolidation as a criterion of the degree of concentration[J]. Geographia Polonica, 14:291-296.

Kiani A K, 2008. Re-examining the inverse relationship between farm size and productivity in Pakistan[J]. European Journal of Social Sciences (2):42-52.

King R, Burton S, 1982. Land fragmentation: Notes on a fundamental rural spatial problem[J]. Progress in Human Geography(4): 475-494.

Lerman Z, Cimpoies D, 2006. Land consolidation as a factor for successful development of agriculture in Moldova[J]. Europe Asia Studies (3):439-455.

Li P, Lu Y, Wang J, et al. , 2016. Does flattening government improve economic performance? Evidence from China [J]. Journal of Development Economics, 123: 18-37.

Monchuk D, Deininger K, Nagarajan H, 2010. Does land fragmentation reduce efficiency: Micro evidence from India[J]. Agricultural and Applied Economics Association (7):25-27.

Nguyen Y, Cheng E, Findlay C, 1996. Land fragmentation and farm productivity in China in the 1990s [J]. China Economic Review (2): 169-180.

Niroula G S,Thape G B, 2007. Impacts of land fragmentation on input use, crop yield and production efficiency in the mountains of Nepal[J]. Land Degradation and Development(3):237-248.

Parikh A, Shah K, 1994. Measurement of technical efficiency in the North-West Frontier Province of Pakistan [J]. Journal of Agricultural Economics (1):132-138.

Pavlides H S, K C, 1948. A new land law for Cyprus[J]. Journal of Comparative Legislation and International Law: Review of Legislation (30):40-46.

Rahman S, Rahman M, 2009. Impact of land fragmentation and resource ownership on productivity and efficiency: The case of rice producers in Bangladesh[J]. Land Use Policy(1):95-103.

Saaty T L, 2008. Decision making with the analytic hierarchy process [J]. International Journal of Services Sciences(1):83-98.

Schmook G J, 1976. The Spontaneous evolution from farming on scattered strips to farming in severalty in Flanders between the sixteenth and twentieth centuries: A quantitative approach to the study of farm fragmentation[M]//Buchanan R H, Butlin R A, McCourt D. Fields, Farms and Settlement in Europe. Belfast: Ulster Folk and Transport Museum:107-170.

Schultz T W, 1953. The Economic Organization of Agriculture[M]. New York: Mcgraw Hill.

Sen A K, 1962. An aspect of Indian agriculture[J]. Economic Weekly

(2):243-246.

Sherlund S M, Barrett C B, Adesina A A, 2002. Smallholder technical efficiency controlling for environmental production conditions[J]. Journal of Development Economics (1):85-101.

Sikor T, Müller D, Stahl J, 2009. Land fragmentation and cropland abandonment in Albania: Implications for the roles of state and community in post-socialist land consolidation[J]. World Development (8):1411-1423.

Simmons A J, 1964. An Index of Farm Structure with a Nottinghamshire Example[D]. Nottingham: Department of University of Nottingham.

Sklenicka P, Salek M, 2008. Ownership and soil quality as sources of agricultural land fragmentation in highly fragmented ownership patterns [J]. Landscape Ecology(3):299-311.

Tchale H, 2009. The efficiency of smallholder agriculture in Malawi [J]. African Journal of Agricultural and Resource Economics(2):101-121.

Todorova S A, Lulcheva D, 2005. Economic and social effects of land fragmentation on Bulgarin agriculture [J]. Journal of Central European Agriculture(4):555-562.

Townsend R F, Kirsten J, Vink N, 1998. Farm size, productivity and returns to scale in agriculture revisited: A case study of wine producers in South Africa[J]. Agricultural Economics(1):175-180.

Wadud M, White B, 2000. Farm household efficiency in Bangladesh: A comparison of stochastic frotoer and DEA methods [J]. Applied Economics(3):1665-1673.

Wan G H, Cheng E J, 2001. Effects of land fragmentation and returns to scale in the Chinese farming sector[J]. Applied Economics(2):181-194.

Yin L, Kazuhiko H, Teruaki N, 2010. Impact of land fragmentation on economic feasibility of farmers in rice based farming system in Myanmar [J]. Journal of the Faculty of Agriculture(1):163-170.

Zhang L X, Huang J K, Rozelle S,et al. ,1997. Land policy and land use in China[C]. Organization Economic Cooperation & Development:71-77.

附　录

2014 年"农地细碎化与土地利用效率"项目研究农户调查问卷

一、家庭及家庭成员基本情况

1. 家庭成员共_____人。
2. 请填写下表：

项目	成员 1	成员 2	成员 3	成员 4	成员 5	成员 6	成员 7	成员 8	成员 9	成员 10
与户主关系①										
性别②										
年龄										
文化水平③										
就业情况④										
务农时间/月										
外出打工时间/月										
打工年收入/元										

注：①与户主关系代码：1 为户主；2 为配偶；3 为子女；4 为孙子(女)；5 为父母；6 为祖父母；7 为兄弟姐妹；8 为儿媳女婿；9 为亲戚；10 为其他(请说明)。

②性别：1 为男；2 为女。

③文化水平:1 为小学(6 年);2 为初中(9 年);3 为高中(12 年);4 为本科(16 年);5 为硕士(19 年);6 为博士(19 年以上)。

④健康状况:1 为外出务工;2 为在家务农;3 为退休。

3. 2014 年家庭总收入_____元,其中农业收入_____元,非农业收入_____元。

二、耕地基本情况

1. 截至 2014 年底,您家已经调整过_____次耕地,是按何种方式分配的?(可多选)

　　A. 按人口平均分配　B. 按劳动力分配　C. 按离家远近、耕地质量好坏分配　　　　　　D. 承包　　　　E. 其他_____(请说明)

2. 最近一次分地是在_____,是按何种方式分配的?(可多选)

　　A. 按人口平均分配　B. 按劳动力分配　C. 按离家远近、耕地质量好坏分配　　　　　　D. 承包　　　　E. 其他_____(请说明)

3. 2014 年您家是否租入或租出土地?

　　A. 有　　　　　　　　　　　B. 没有

选择 A,转至问题 4;选择 B,转至问题 6。

4. 2014 年您家租入_____亩耕地,有_____块,租费为_____元,农业税费等由谁承担?

　　A. 您家承担　　　B. 出租方承担　　C. 共同承担

5. 2014 年您家租出_____亩耕地,有_____块,租费为_____元,农业税费等由谁承担?

　　A. 您家承担　　　B. 承租方承担　　C. 共同承担

6. 您家现有_____亩耕地,分为_____块。

7. 请填写下表中您家耕地具体情况:(不包括果园、茶园、鱼塘、林地和庭院蔬菜,请按照面积大小顺序填写)

地块编号	1	2	3	4	5	6	7	8	9	10	11	12
地块面积/亩												
地块质量①												
地块来源②												
到家距离/米												

夏收作物

种植作物名称③		1	2	3	4	5	6	7	8	9	10	11	12
中间投入/元													
雇工投入/元													
产出情况	总产/斤												
	收入/元												

秋收作物

种植作物名称		1	2	3	4	5	6	7	8	9	10	11	12
中间投入/元													
雇工投入/元													
产出情况	总产/斤												
	收入/元												

注:①地块质量:1 为较好,2 为一般,3 为较差。

②地块来源:1 为集体分配,2 为家庭集成,3 为租入,4 为其他_____(请说明)。

③"作物名称"须写明具体作物种类:小麦、大麦、元麦、高粱、玉米、花生、薯类、棉花等。

三、农户劳作基本情况

1. 一年中农忙(每日劳动 15 小时)有_____天,每天劳动大概_____小时。

2. 每年上述这样的农忙有_____次。

3. 一年中农忙(每日劳动 10～15 小时)有_____天,每天劳动大概_____小时。

4. 每年上述这样的农忙有_____次。

四、农户对农地细碎化问题的态度

1. 您认为几块零碎的土地是否给您的生产带来不便？

A. 是   B. 否

2. 您认为目前您家地块数量多吗？

A. 多   B. 不多

3. 你是否想拥有一整块土地？

A. 是   B. 否

4. 在耕地面积不变的情况下，您认为您家拥有_____块土地比较合适，原因是？（可多选）

A. 比较方便，不需要地块间来回劳动   B. 整体耕种效率更高

C. 可以有更多的农闲时间休息或外出打工

D. 家庭劳动力可充分利用，不需要雇工或换帮工

E. 可以种植多个作物品种，满足自己的需求和消费

F. 种植某些种类作物的需要

G. 其他（请说明）_____

5. 在耕地面积不变的情况下，您是否支持将几块零碎的耕地整合成一块或较大几块的政策？

A. 是   B. 否

6. 在耕地面积不变的情况下，您希望用什么方式来减少您家的地块数量呢？

A. 自由交换   B. 重新分配   C. 其他（请说明）_____

2014 年"农地细碎化与农地利用效率" 项目研究村调查问卷

1. 您村有_____个村民小组，有_____个农户，有_____人口。

2. 该村有_____个农户，有_____人口，其中男性_____人，女性_____人。

3. 该村有_____个劳动力，其中男性_____人，女性_____人。

4. 该村外出劳动力有 _____ 个,其中男性 _____ 人,女性 _____ 人;常年在县外打工的劳动力有_____个,常年在本县打工的劳动力有_____个。

5. 该村离最近的县城有_____公里,离最近的镇有_____公里。

6. 该村到最近的镇或县城的路是什么样的?

A. 水泥路   B. 柏油路   C. 砖路

D. 沙石路   E. 土路   F. 其他(请说明)_____

7. 该村人均纯收入_____元,其中农业收入_____元。

8. 该村有耕地_____亩。

9. 该村农户间是否允许耕地转让(转包或租入、租出)?

A. 是   B. 否

10. 2014 年该村以这种形式实际转让_____亩耕地。

11. 该村是否允许农户与外来农户之间转让耕地?

A. 是   B. 否

12. 2014 年该村以这种形式实际转让_____亩耕地。

13. 请填写下表(仅写主要作物):

作物品种	编号	作物名称	种植面积	分为几片	面积最大		面积最小	
					面积/亩	产量/(斤/亩)	面积/亩	产量/(斤/亩)
夏收作物	1							
	2							
	3							
秋收作物	4							
	5							
	6							

注:"作物名称"须写明具体作物种类:小麦、大麦、元麦、高粱、玉米、花生、薯类、棉花等。

图书在版编目(CIP)数据

地尽其用:耕地细碎化与其利用效率 / 赵小睿,袁
平著. —杭州:浙江大学出版社,2021.7
ISBN 978-7-308-21597-8

Ⅰ.①地… Ⅱ.①赵… ②袁… Ⅲ.①耕地利用—研
究—中国 Ⅳ.①F323.211

中国版本图书馆 CIP 数据核字(2021)第 140944 号

地尽其用:耕地细碎化与其利用效率

赵小睿　袁平　著

策划编辑	吴伟伟	
责任编辑	陈逸行	
责任校对	宁　檬	
封面设计	春天书装	
出版发行	浙江大学出版社	
	(杭州市天目山路 148 号　邮政编码 310007)	
	(网址:http://www.zjupress.com)	
排　　版	浙江时代出版服务有限公司	
印　　刷	广东虎彩云印刷有限公司绍兴分公司	
开　　本	710mm×1000mm　1/16	
印　　张	12	
字　　数	200 千	
版 印 次	2021 年 7 月第 1 版　2021 年 7 月第 1 次印刷	
书　　号	ISBN 978-7-308-21597-8	
定　　价	68.00 元	
